创意写作书系

中文创意写作教程

CHINESE
CREATIVE WRITING
TUTORIAL

杨庆祥 ◎ 著

中国人民大学出版社
·北京·

导言

1

　　1837年，美国著名作家爱默生在美国大学优等生荣誉学会一次题为"美国学者"的演讲上，明确提出"创意写作"和"创意阅读"的概念，其意大概指一种有创造力的文学写作方法，以此针对在英美学术界占主导地位的"重研究，轻创作"的时代风气。当时的风气是以一种基于语文学和修辞学的实证主义方法解读经典文学作品，这固然在学术的积累上卓有成果，但是却严重限制了文学的形象思维和想象力，引起了越来越多有识之士的不满，爱默生便是其中之一。大概在1869年，查尔斯·W. 艾略特任哈佛校长，并开设了第一门文学写作课，成为全美第一位全职英语写作教师。在他的大力推动下，作为创意写作前身的"英语写作"成为正式的学分课程；从文学创作的角度进入文学研究，也开始成为一种新的研究理念。

　　创意写作的正式学科化，要等到1936年爱荷华①大学首个创意写作工坊的正式成立。虽然在此之前爱荷华大学已经有了相关的课程和

---

① 又译艾奥瓦。

著作，比如库克开设的"诗篇写作"课程、休斯·莫恩斯出版的《年轻的创造力》等，但是创意写作却一直没有被大学的学科体系接纳。首个创意写作工坊的成立不仅意味着学生可以以原创的文学作品作为毕业论文获得学位，同时也意味着一个系统的关于创意写作的理论和教学体系开始建立起来。这在创意写作学科的发展史上是非常重要的一步。其中，保罗·安格尔贡献极大，他担任爱荷华大学创意写作工坊主管长达 24 年，持续推动了创意写作的课程建设、工作机制和培养体系的建立，尤其是 20 世纪 60 年代以来，由安格尔夫妇创建并运作的"国际写作计划"（International Writing Program，IWP），邀请了来自 70 多个国家的上百位作家前往爱荷华大学进行创作交流，对促进各国文学交流、推动创意写作的国际化起到了重要作用。2013 年开始，IWP 远程教育课程体系开始提供创意写作方面的开放课程，2014 年又推出了互联网慕课。

经过一百多年的发展，创意写作已经在欧美遍地开花结果，很多重要的大学都设有创意写作专业，比较著名的除了上述美国的爱荷华大学、哈佛大学，还有美国的波士顿大学，英国的牛津大学、曼彻斯特城市大学、东安格利亚大学、华威大学、罗汉普顿大学、伦敦大学皇家霍洛威学院、格拉斯哥大学，澳大利亚的墨尔本大学、昆士兰科技大学、皇家墨尔本理工大学、悉尼科技大学，等等。

2

相对于欧美国家，中国的创意写作起步较晚。根据相关资料，"创意写作"这一概念早在 20 世纪 60 年代已经开始出现在一些研究著作中，但都是偶尔提及，并没有系统的论述。对于"creative writing"也存在不同的翻译，有的翻译为"创意写作"，也有的翻译为"创造性写作"，两者基本上可以通用。在中国高校的中文系里，传统上也和欧美相似，重视研究而忽视创作，虽然现代一些著名的作家如沈从文、闻一多、废名等都曾在高校任教，但是以学者的身份为主，比如闻一多主要讲授《楚辞》。文学创作不但被忽视，甚至有不能登大雅之堂的卑微。中文系一度流传甚广的一句话是：这里不是培养作家的地方。

即使在这种情况下，创意写作依然在缓慢地生根发芽。1985年，武汉大学联合中国作家协会创建"作家班"，共收4期100余名学员，对通过考核的学员发放本科毕业证书等。受武汉大学启发，1986年起，国内一众高校陆续开办本科层次的作家班，可以视为创意写作的先导。其中北京师范大学和鲁迅文学院联合举办的作家进修班招收了莫言、余华、王安忆等一干青年作家，这些人后来都成了中国文坛的中坚力量。整体而言，这些培养形式与鲁迅文学院等直属作协领导的培训形式相结合，拓展了中国作家"养成"的形式和内容，至今依然发挥着重要的效用。

进入21世纪以来，英语教育中的创意写作被系统地引介到国内。自2009年开始，复旦大学设立创意写作专业硕士学位点，上海大学成立文学与创意写作研究中心，香港大学开设了英文创意写作艺术硕士项目，香港城市大学筹办了创意写作艺术硕士项目，等等。需要注意的是，创意写作在中国的落地，并非完全是受到外因的影响，而是也有中国社会环境内在变化的影响。这里面有两个主要动因，一是进入21世纪以来，中国高校的招生数量持续上升，因为学科评估、国际交流和就业的压力，高校学科设置的优化刻不容缓。创意写作作为一门与传统文学学科相关，同时又可以进行市场化的新兴交叉学科，受到了高校的青睐。二是21世纪以来大量作家进入高校，或担任驻校作家，或直接担任全职教授，比如阎连科、刘震云受聘为中国人民大学文学院教授，莫言、苏童受聘为北京师范大学文学院教授。这些作家有能力同时也有意愿为文学写作培养更多的人才，借助高校创意写作的招生和培养平台，作家们获得了更多的发挥空间。

总体来说，目前创意写作在中国的发展势头迅猛，各高校纷纷设立创意写作的本科生和研究生学位点。其中又以北京的中国人民大学、北京师范大学，上海的复旦大学、上海大学、华东师范大学，湖北的武汉大学等为代表。中国人民大学从 2015 年开始招收"创造性写作"全日制硕士研究生，从 2019 年开始在中国现当代文学二级学科下招收创造性写作的全日制博士研究生，并将相关课程向优秀的本科生开放，形成了覆盖从本科生到博士生的全系列创意写作培养体系。北京师范大学继承了该校的一贯特色，与鲁迅文学院联合培养全日制创意写作硕博士研究生。复旦大学和中国人民大学、北京师范大学风格接近，注重培养纯文学作家；武汉大学侧重于培养包括公文写作在内的写作人才；上海大学和华东师范大学等高校则倾向于培养与文化产业相关的写作人才。

3

无论是在国外还是在国内，相对于传统的文史哲学科，创意写作都可以说是一个相对年轻的新兴学科。围绕它的理论争论和实践探索一直没有中断过。就理论建设来说，对于创意写作的概念、学科定位一直都存在着不同的观点。在概念方面，有的观点会特别突出"创意"的重要性，强调其是一种新颖别致的写作；有的观点则更强调文学写作的层面，认为创意写作就是以文学写作为中心的写作方式；还有的观点更加泛化，认为所有的写作都可以纳入创意写作的范畴。在学科定位方面，有的观点强调创意写作是人文学科的一部分，甚至是文学学科的有机组成部分；有的观点则认为创意写作应该从文学学科里面剥离出来，成为一个独立的学科。从这些年发展的趋势来看，越来越多的理论观点更强调创意写作的独特性、独立性和自主性。

从实践的层面来看，虽然目前国内关于创意写作的学科建设、培养方案等都有很多的建设性成果，但相对来说还是比较滞后，有很大的发展空间。根据笔者的观察，至少在以下几个方面值得去进一步探索：

第一，目前国内的创意写作学科基本上还带有一定的"依附性"，有的依托于中国现当代文学学科，有的依托于戏剧戏曲学科，有的甚至依托于艺术学这一大的门类。这固然为创意写作提供了发展平台，但是也限制了创意写作作为一门学科的独立性，所以如何将创意写作从这些学科里面"解放"出来，是一个值得相关学者和主管部门认真考虑的问题。

第二，如果创意写作可以作为一个独立学科来建设的话，对它的学科定位、研究对象、培养目标等就要做进一步细化，如此才能支撑起学科的合法性。

第三，也是最紧迫的一件事，可能是培养计划和相关课程的建设。据笔者了解，很多大学的创意写作课程和传统中文系的课程区别不大，这样的"创意写作"就有名无实了。针对不同类型的学生进行有针对性的课程教学，最后真正地培养出创意写作的人才，是创意写作未来发展的重中之重。

第四，除了大学的学科建设之外，实际上，社会上有很多写作营、培训班之类的"创意写作"市场化形式，这些形式更加灵活，有时候也更有针对性。高校的创意写作课程如何与这些社会形式良性互动，并进一步适应社会发展的需要，也是未来需要考虑的问题。

目 录

第一章 小说写作

第一节 结构 /4
1.1 情节结构：以故事为基础 /4
1.2 情感结构：以人物为基础 /7

第二节 人物 /10
2.1 原型 /10
2.2 外形与内在 /14
2.3 命运 /20

第三节 细节 /25
3.1 写人 /25
3.2 状物 /27

第四节 视角 /32
4.1 第一人称视角 /32
4.2 第三人称视角 /35
4.3 全知视角与视角转换 /38

第二章　非虚构写作

第一节　前期准备 / 47
　1.1　知识 / 48
　1.2　资料 / 52
　1.3　选题 / 54

第二节　素材收集 / 58
　2.1　体验 / 59
　2.2　采访 / 62

第三节　行文逻辑 / 67
　3.1　范围 / 68
　3.2　构思 / 70
　3.3　剪裁 / 73

第四节　吸引读者 / 77
　4.1　引人入胜的元素 / 78
　4.2　场景与概述 / 81
　4.3　对比与变化 / 84

第三章　诗歌写作

第一节　情感 / 92
　1.1　真诚 / 92
　1.2　独特 / 96
　1.3　复杂 / 99

第二节　节奏 / 103
　2.1　音韵 / 103
　2.2　跳跃 / 106
　2.3　节奏设置 / 110

第三节　语言　／ 119
- 3.1　准确和具体　／ 119
- 3.2　日常语言　／ 121
- 3.3　灵感与锤炼　／ 124

第四节　张力　／ 127
- 4.1　陌生化　／ 127
- 4.2　张力生产方式　／ 129
- 4.3　个人化　／ 136

第四章　散文写作

第一节　文体　／ 142
- 1.1　概念界说　／ 142
- 1.2　文类边界　／ 143
- 1.3　"反文类"　／ 145

第二节　立意　／ 147
- 2.1　想法、预设和主题　／ 147
- 2.2　触发点　／ 149
- 2.3　题材、结构和个性　／ 152
- 2.4　"真实性"　／ 155

第三节　描写　／ 158
- 3.1　语言与修辞　／ 158
- 3.2　景物描写　／ 160
- 3.3　人物剪影　／ 162
- 3.4　经验转化　／ 165

第四节　智性　／ 169
- 4.1　幽默　／ 170
- 4.2　公共议题　／ 174

后　记　／ 177

第一章　小说写作

- ◆ 第一节　结构
- ◆ 第二节　人物
- ◆ 第三节　细节
- ◆ 第四节　视角

第一章 小说写作

把小说写作放在第一章来论述，暗示了小说这一文体的重要性。在古典文化传统中，小说是"小说家言"，往往被视为正史的补缀。但是自现代以来，小说作为最具有通约性的艺术形式，在自我经验的陈述、家国想象的表达和社会共同体的建构等方面发挥着越来越重要的作用。小说既可以言志，又可以载道，王侯将相、下里巴人、家国天下、平常日用都可以"小说"。写作小说，阅读小说，在写和读中传递信息、价值和观念，已经成为现代人生活中必不可少的一部分。

对于创意写作来说，关键的问题不是小说的演变史，也不是小说的题材史，严格来说，演变史和题材史都必须转化为另外一个问题，那就是福斯特所谓的"笔握在手里的感觉"[①]。写一篇小说的关键何在？这个问题见仁见智。但最基本的元素往往是如下几个：结构、人物、细节和视角。

---

① 福斯特.小说面面观.冯涛，译.上海：上海译文出版社，2016：19.

第一节 结构

1.1 情节结构：以故事为基础

小说的内容很重要，讲故事的方式同样重要。小说的情节结构，即整个故事谋篇布局的方式，可以被视为作品的骨架，它能够帮助写作者将内容以更为清晰的方式呈现在读者面前。因此，创作一篇小说，**情节结构是首先需要考虑的重要元素**。本部分将介绍适用于不同篇幅的**通用结构搭建法**。

最简单的情节结构为"三幕式"，即"开端—发展—结局"，这是小说结构的基础模式。在"三幕式"中，故事按照"开端—发展—结局"的顺序展开，事件依照线性时间逐一呈现在读者眼前。"三幕式"结构比较符合人类习惯的信息接收模式，较易被读者接纳，因而是小说创作所普遍使用的结构搭建技法。"三幕式"虽然简单，却不会因此影响作品的质量，不论是《红楼梦》《水浒传》《西游记》等古代长篇小说，还是鲁迅、郁达夫、川端康成的现代作品，读者耳熟能详的经典小说大多是以"三幕式"为基础展开的。

以《红楼梦》为例，从作品整体来看，第一回"甄士隐梦幻识通灵 贾雨村风尘怀闺秀"和第二回"贾夫人仙逝扬州城 冷子兴演说荣国府"为小说的开端，在开端中作者提供了两个重要背景：一为故事的神话背景，二为荣国府的基本人物信息。这两回内容提供了《红楼梦》的基本叙事动力，为小说人物的命运纠葛提供了"素材"和"缘由"。从第三回黛玉入府开始，小说正式进入了主体部分，爱恨离合皆在该部分依时间顺序发展。如果观察每个章回，会发现各回所叙述的故事依然由"三幕式"结构支撑，作者总是先介绍故事发生的背景，再叙述故事的发展方式，最后给出故事的结局。

但是，"三幕式"结构有自己的弊端。其一，作品无法通过结构给读者提供更多信息；其二，完全按照时间顺序发展的小说在叙事节奏方面欠缺新意，且容易流于刻板僵硬。因此在写作时，可以对"三幕式"进行改良，将"开端—发展—结局"中属于"发展"和"结局"部分的内容提前到小说的"开端"部分。例如《百年孤独》那个著名的开篇："多年以后，面对行刑队，奥雷里亚诺·布恩迪亚上校将会回想起父亲带他去见识冰块的那个遥远的下午。"[1] 通过这句话，马尔克斯制造出一个未来与现在交织的广阔时空，使作品一开始便具有了史诗意味。川端康成《睡美人》这篇小说同样使用了这种方式，故事将本该处于"三幕式"的"发展"部分的内容放置在小说的第一句话中："客栈的女人叮嘱江口老人说：请不要恶作剧，也不要把手指伸进昏睡的姑娘嘴里。"[2] 这个句子的内容令人感到困惑，很容易激发读者的阅读兴趣，这正是改良"三幕式"的效果之一。

熟悉了传统"三幕式"和改良"三幕式"结构之后，就可以尝试更为复杂的结构搭建方式，主要方法为将这两者穿插进小说中，使作品形成大故事套小故事、各个故事不按时间顺序展开的复杂结构，最典型的作品是玛格丽特·阿特伍德的《盲刺客》。我们先来简要浏览一下这部作品前四章的目录：

> 译序
>
> **第一章**
>
> 桥
>
> 《多伦多星报》（1945）
>
> 《盲刺客·石园花草谱》
>
> **第二章**
>
> 煮鸡蛋
>
> 《环球邮报》（1947）

---

[1] 马尔克斯. 百年孤独. 范晔, 译. 海口：南海出版公司, 2011：1.
[2] 川端康成. 睡美人. 叶渭渠, 唐月梅, 译. 海口：南海出版公司, 2014：3.

公园长椅

《多伦多星报》(1975)

地毯

《环球邮报》(1998)

口红画的心

《亨利·帕克曼上校中学之家暨校友会简报》(1998)

第三章

颁奖仪式

银色盒子

纽扣厂

阿维隆庄园

嫁妆

留声机

做面包的日子

黑丝带

苏打水

第四章

咖啡馆

《提康德罗加港先驱旗报》(1933)

雪尼尔毯子

《帝国邮报》(1934)

信使

《帝国邮报》(1934)

夜之奔马

《梅费尔》(1935)

铜钟①

　　从目录便能直观地看到,作者将故事主线与剪报、新闻、通知等

---

① 阿特伍德. 盲刺客. 韩忠华,译. 上海:上海译文出版社,2016.

杂糅于一体，使作品呈现出非常复杂的结构样态，但如果仔细观察，会发现这些复杂的叙事是由多个传统"三幕式"和改良"三幕式"结构互相穿插排列组合而成。"三幕式"作为小说创作的基本结构单位，就像一块块砖石，不同的排列方式能够产生不同的故事效果。如果想要学习如何在多故事、多人物的长篇小说中搭建叙事框架，可以认真学习《盲刺客》的布局方式。

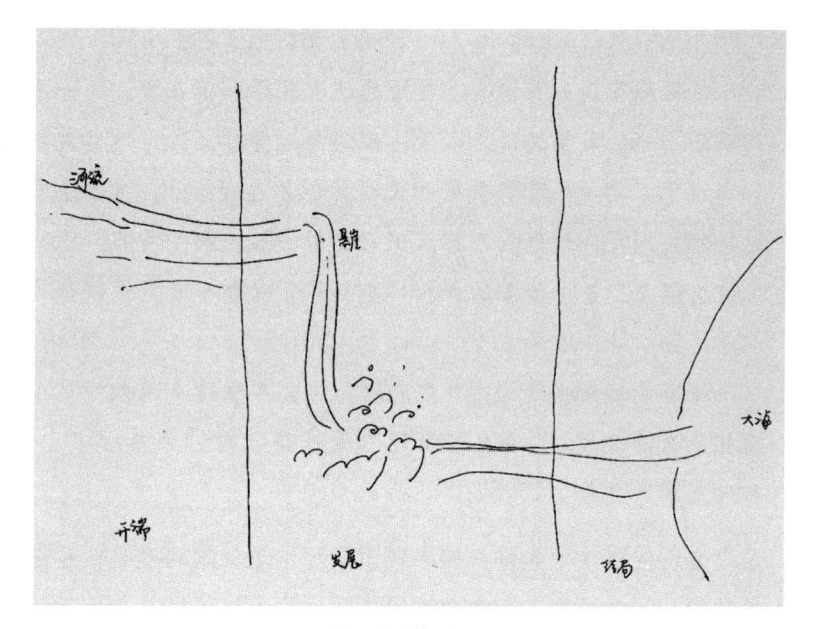

"三幕式"图示

1.2 情感结构：以人物为基础

安排小说结构的方式有多种，除了从情节出发以"三幕式"为基础设置结构，还可以将人物作为构思的起点。**如果将人物作为搭建故事框架的中心，那么关键问题在于，该主人公发生了怎样的变化。** 人物在外貌、财富、思想、感觉方面所发生的变化正是小说所要描写的重要内容，但在所有变化中，写作者最应关注的是人物内在世界的变化，即情感变化，许多名作不论探讨的问题多么深刻、复杂，如果抽出其骨架，可以发现这些故事大多是以人物情感的前后变化为叙事线索的。

以小说《安娜·卡列尼娜》为例，初期伏伦斯基与安娜两情相悦，但两人感情逐渐出现裂痕，该改变就是小说得以进行下去的关键线索，也是作者重点描述的对象。可以说，如果没有情感的变化，这部文学史上的名著也就不存在了。我们看一下托尔斯泰是如何描述内在情感的变化的：

> 伏伦斯基因为安娜有意对她的处境装得满不在乎，第一次对她感到恼怒，甚至怨恨。由于他无法向她发作，这种情绪变得更加强烈了。要是他能坦率地向她说出他的想法，他准会说："你这样打扮，再同这位人人都认识的公爵小姐一起去看戏，这样就不仅承认自己是个堕落的女人，而且等于向整个社交界挑战，也就是说要从此同它决裂。"
>
> 他不能对她说这话。"可是她怎么会不懂这个道理？她心里有些什么变化呢？"他自言自语。他觉得他对她的尊敬减少了，但却感到她更美了。①

这段心理描写十分关键，如果说该描写出现前的内容是伏伦斯基与安娜两情相悦的过程，那么在这段描写之后，伏伦斯基与安娜间的爱意便渐渐减少了。这段内容仿佛是一座分水岭，将整个故事分为"爱"与"不爱"两个部分。

情感结构不仅可以运用在如《安娜·卡列尼娜》这类以爱情为主题的小说中，还能运用在任何涉及人物内在变化的作品里。使用该结构时，写作者应当将关注点集中在变化发生前后，人物对外在环境的感受和对事物的应对方式上。韩少功的小说《月兰》讲述的是一个悲剧故事，小说中的"我"深信四人帮极左政策，在农村"大批资本主

---

① 托尔斯泰. 安娜·卡列尼娜. 草婴，译. 南京：译林出版社，2014：500.

义制度",并将妇女月兰养的几只鸡毒死了。月兰常年贫病，受到打击后选择投水自尽，"我"在月兰的死亡中看到了农民生活的困窘以及政策的荒谬，于是转变了思想观念，对"四人帮"所推行的路线产生了质疑。这篇小说便是书写人物由"相信"到"不信"的转变的作品。除了现实主义作品，使用夸张、寓言等手法写作的先锋小说，同样可以以人物情感变化为主线进行创作。例如余华的《十八岁出门远行》，少年怀着满腔热忱走上远行之路，在路上却被现实规则打击得鼻青脸肿，少年的热忱由此转变为愤怒和怀疑。

  与情节结构不同，使用情感结构时，不一定要像"三幕式"那般进行特别刻意的"开端—发展—结局"的故事安排，情感结构中的关键点——变化，可以处于小说结尾处，也可以位于小说的开端，甚至可以放在叙事背景中。例如在张爱玲的《金锁记》里，曹七巧由天真少女转变为一个自私、残忍、歇斯底里的妇人，该变化就隐藏在小说背景中，并不构成小说的主体。情感结构的运用极为灵活，但只要把握人物内在的变化，就能顺畅使用该结构设置技巧，重点是写作者要时刻关注人物变化发生前后的心理状态和言行，并能够将这两者描述清晰。如果能够做到这一点，一篇小说的雏形便生成了。

第二节 人物

2.1 原型

人物是小说作品的灵魂。回想文学长河中的小说佳作，我们想起的也许不是情节内容，而是一个个血肉丰满、性格鲜明的人物。小说的阅读体验基本是由人物提供给读者的。离开了人物的塑造，写作者很难讲出动人的故事。古今中外的经典小说人物千人千面，很难说有统一的标准。如果一定要从写作学的角度做一个概括总结的话，那些令人难忘的人物往往具备以下几个相似或相近的特点。

一是特征鲜明。

鲜明的特征可以从人物的外在条件和内在性情两个层面进行设置。外在条件一般包括长相、衣着等可被直观审视的细节，内在性情则涉及人物的心理状态和价值体系。我们以《巴黎圣母院》中的卡西莫多为例。从外在条件看，卡西莫多丑陋异常、又聋又哑，人物一出场便给予读者强烈的视觉冲击。但正是拥有丑陋外表的卡西莫多，却有着柔软高尚的内心，两者之间的张力使卡西莫多成为小说史上重要的文学人物。再比如在安吉拉·卡特的短篇小说《主人》中，印第安少女拥有玄妙的宇宙观，她认为人类、野兽甚至幽灵之间没有任何不同，人类与它们平等地存在于世界上。在呈现少女与现代人之间的文化差异时，作者先描写了其外貌的独特之处，如背上弯弯曲曲的部落图案和用泥浆浸泡后晒干做成的发型，但令作品更出彩的地方在于，作者以少女的视角详细描写了她眼中的奇异世界：

> 鬼魂飘出丛林坐在她脚边，偏着头看她，她友善地摆摆手向它们打招呼。火光逐渐微弱，但她的眼睛是水做的，透过来复枪的瞄准器仍看得清清楚楚。她照先前看主人做过的那样把枪举上肩膀，瞄准头上枝叶屋顶外稳挂天际的月亮，想把它射下来，因

为在她的世界里月亮是只鸟,而既然他已教会她吃肉,她想自己现在一定是死亡的学徒。①

在印第安少女的世界里,眼睛是水做的,月亮是只鸟,鬼魂与人类同时存在,甚至连死亡也具备独立的人格。这种近似于"奇观"的世界观使主人公从普通人谱系中脱离出来,构成了特别的人物形象。

类似的人物还有卡夫卡《变形记》中的格里高尔,其鲜明之处在于他一夜之间变成了甲虫,并以甲虫的姿态体验接下来的生活;《堂吉诃德》中的堂吉诃德,自信乐观又总是做出荒谬之事,挑战风车的举动使其在文学史上留下了自己的身影;《哈姆雷特》中的王子,悲凉、矛盾又绝望,以"生存还是毁灭"的问句使自己永远伫立在文学经典人物的殿堂中。如果对上述所列举的人物进行总结,并提炼出一个使人物形象更生动鲜明的公式的话,那么这个公式可以是:**独特外形+独特世界观+特立独行的举动+标志性语言**。写作者所能描写的元素越多,这个人物就越具创新性,也越能吸引读者的目光。当然,对于初学写作者而言,很难在一部作品中兼顾上述各种元素,能够将其中一二点落到实处,就已经非常不容易了。

二是真实合理。

对独特性的追求并不意味着失去限度。《小说面面观》的作者福斯特认为:"当小说家对这个人物的一切无不了如指掌时,这个人物就是真实的。"② 同时,这种真实需要"令人信服"③。这就意味着作者的写作需要遵循人性的基本逻辑,需要使人物性格前后一致,或者以令人信服的方式反映其性格的变化,否则就会引起读者的怀疑。在《平凡的世界》中,对孙少平的描写便出现了逻辑上的"断裂",从作品提供的细节来看,最初路遥笔下的孙少平是一个积极奋斗且在道德

---

① 卡特. 焚舟纪. 严韵, 译. 南京: 南京大学出版社, 2019: 94.
② 福斯特. 小说面面观. 冯涛, 译. 上海: 上海译文出版社, 2016: 57.
③ 同②56.

方面没有多少"洁癖"的人物，比如曹支书想要孙少平当自己的上门女婿，作者认为孙少平一定是非常愿意的。再比如在找工作时，孙少平积极地"怂恿"田晓霞托关系帮自己获得工作机会，对于这样一个用尽办法积极进取的人物，当他终于获得进入省城生活的机会时，他却放弃了，转身返回了黑暗又危险的煤矿。这种人物性格前后的不一致，显然是作者有意为之，显露出的是作者对社会的想象和规划，作者真正向往的并不是一个不断向上攀爬的功利型社会，而是一个充满人性关怀的理想集体。但也正因为存在逻辑上的"断裂"，孙少平返回煤矿的选择令许多读者产生了困惑。**一般来说，写作者应始终将人物放置在一个稳定的性格秩序中进行书写，人物的言谈举止，不论是合乎旧例还是超出往常，都在该性格的辐射范围之内，唯有如此才能创造出一个真实可信的人物形象。**另外，值得注意的一点是，此处的"真实"并不意味着必须以现实主义笔法呈现人物，在很多情况下，人物的真实性是需要通过夸张或荒诞的虚构加以展露的。正如上文所举例的卡夫卡的《变形记》，格里高尔幻化为甲虫的书写虽然夸张，但真实地呈现出了当人被视为工具时的悲剧命运。

写作者或许会觉得两难，但这就是小说作为艺术的要求。如果想让小说中的人物既独特生动又符合现实逻辑，一个有效的方法是为笔下的人物寻找"原型"。原型既可以是存在于人类文化史中的人物形象，也可以是写作者在现实生活中接触到的活生生的人。下面从神话原型和现实原型两个方面稍做论述。

- **神话原型**

在文学批评领域，有一种批评范式为原型批评。诺斯洛普·弗莱在《批评的解剖》中认为："神话模式（即关于神祇的故事，其中人物的行动都是力大无比）在文学的一切模式中，是最最抽象、最为程式化的。"① 神话的流传与人类集体无意识密切相关，从人类集体无意

---

① 弗莱.批评的解剖.陈慧，袁宪军，吴伟仁，译.天津：百花文艺出版社，2006：190.

识的深渊里，孕育出了一系列精神模块，它们在文学作品中浮现为带有恒定特质的人物类别，如英雄、圣母、智者等形象。这些形象的细节虽各有变异，但深层结构却如出一辙。原型观点来源于心理学和文学批评领域，但在创作中，我们同样可以借鉴该方法，有意识地使用神话人物来构思小说中的主人公。一方面，借鉴神话原型可以帮助我们迅速扩充创作素材；另一方面，神话原型一般反映人类的普遍意识，借鉴这样的原型不致使创作出现严重的逻辑漏洞。乔伊斯的长篇小说《尤利西斯》就是一个借鉴神话故事创作出来的作品。小说以荷马史诗《奥德赛》为神话原型，作者刻意使故事情节与《奥德赛》中的情节进行结构上的对应。但该作品的特殊之处在于，《尤利西斯》中的主人公斯蒂芬、布鲁姆精神上的孱弱，以及他们所经历的无聊琐碎的日常，恰好是英雄史诗的反面。可以说乔伊斯是从正反两个方面对神话原型进行了复现。作者一方面模仿神话原型的人物、结构、细节，另一方面又以神话崇高精神的反面设置笔下人物部分性格特质，这种书写方式使作品呈现出对现代生活平庸性的反讽。从这部作品中，我们可以看到，借鉴神话原型时可以灵活多变，并不一定要与原型人物完全一致。中国作家刘亮程的长篇小说《本巴》则借鉴了蒙古族史诗《江格尔》里的故事背景，小说中的主要人物都能够在《江格尔》中找到原型。刘亮程的创意在于把三个主要人物赫兰、洪古尔、哈日王都变成长不大的孩子，他们通过游戏的方式解构了部落历史的神圣性，呈现的是人类天真状态的魅力和传奇。

- **现实原型**

很多作家习惯在日常生活中收集人物素材，并通过这些素材进行二次创作，这些人物素材就是现实原型。比如福楼拜的《包法利夫人》，有研究者认为小说中的女主人公艾玛的原型是福楼拜的同时代人德尔菲娜·德拉马尔。① 德尔菲娜受浪漫主义影响，向往充满激情

---

① 德波顿.身份的焦虑.陈广兴，南治国，译.上海：上海译文出版社，2020：158.

的恋爱关系，她不断与情人幽会并寻找不存在的完美爱情，最终由于情人离去、丈夫破产而心灰意冷，结束了自己的生命。虽然福楼拜不断否认原型的存在，甚至说出"我就是包法利夫人"的言论，但是小说情节与现实原型的相似之处却很难被否认。王安忆的小说《我爱比尔》写的是一个名叫阿三的青年女性的故事，她沉迷于大都市的物质生活不能自拔，在经历了数次无望的恋爱之后，她索性放弃自我，沦落为夜场玫瑰。根据相关研究者的考证，在创作《我爱比尔》之前，王安忆曾经去著名的女子监狱白茅岭监狱进行实地采访，并写出了非虚构作品《白茅岭纪事》。《我爱比尔》中的阿三，就是在一个或数个女犯人的原型基础上创造出来的。① 无论是福楼拜还是王安忆，从直接的现实生活中发现原型并构思人物，是他们创作的重要途径。

由此可见，对写作者来说，不论是神话传说还是现实生活，一切所能接触到的素材都可以被转化为小说人物的原型。每一个原型都是可被不断深入发掘的宝藏，他们与人类潜意识紧密相连。但最终能够立得住的人物形象必然需要写作者进行独特的再创造，正如木心所言："文学家以他心灵的丰富描写人物。"② 想要创造丰富立体、特征鲜明的人物形象，既要有原型作为依据，同时又要加入写作者富有个性的想象和思考。

2.2 外形与内在

2.2.1 外在

描写人物外形需要遵循一定的章法，不应盲目添置细节进行天马行空的想象。一般情况下，对人物的外形描写主要通过对其相貌、衣着等的书写来完成，并且与小说的主题形成一定呼应。

---

① 杨庆祥. 阿三考：由《我爱比尔》兼及王安忆的写作症候. 文艺研究，2015（4）.
② 木心. 文学回忆录. 桂林：广西师范大学出版社，2013：647.

・**相貌**

在钱锺书的小说《围城》中,方鸿渐在汪处厚家做客时见到了汪太太。汪太太游走在男性之间,擅长在两性关系中攫取利益,对于这样一个人物,钱锺书是如此设计其相貌的:

> 骨肉停匀,并不算瘦,就是脸上没有血色,也没擦胭脂,只傅了粉。嘴唇却涂泽鲜红,旗袍是浅紫色,显得那张脸残酷地白。长睫毛,眼梢斜撇向上。头发没烫,梳了髻,想来是嫌本地理发店电烫不到家的缘故。手里抱着皮热水袋,十指甲全是红的,当然绝非画画时染上的颜色,因为她画的是青山绿水。①

仔细看这段文字,可以发现钱锺书是按照先总体再局部的顺序描写的,由总体的"骨肉停匀,并不算瘦",过渡到对脸色、嘴唇、睫毛、头发的描写。同时,作者还重点突出了颜色:旗袍是浅色,脸色惨白,于是只有嘴唇和指甲是鲜红的。这是一种漫画式的书写,将众多细节详略得当地安排在画面中,以此凸显汪太太略显刻意的打扮,并由此暗示她的生活观念。作者借小说人物之口说出了此种相貌描写的奥秘:

> 孙小姐要过笔来,把红色铅捺出来,在吸墨水纸板的空白上,画一张红嘴,相去一寸许画十个尖而长的红点,五个一组,代表指甲,此外的面目身体全没有。她画完了,说:"这就是汪太太的——提纲。"②

读完涉及汪太太相貌的文字,读者大概就会留下与孙小姐相似的感受。突出重点特征的描写方法仿佛为人物量身定制了某种标签,成为该人物的标志,读者一想到这个人物,便联想起其相貌中的独特

---

① 钱锺书. 围城. 2 版. 北京:人民文学出版社,1991:237-238.
② 同①261.

之处。

- **衣着**

在描写人物时，也可以通过其衣着来展现性格和生活状态。这里最典型的例子是鲁迅笔下的孔乙己，鲁迅是这么写孔乙己的衣着的：

> 孔乙己是站着喝酒而穿长衫的唯一的人。他身材很高大；青白脸色，皱纹间时常夹些伤痕；一部乱蓬蓬的花白的胡子。穿的虽然是长衫，可是又脏又破，似乎十多年没有补，也没有洗。①

鲁迅抓住了最能够凸显孔乙己性格特征的衣着——长衫——来对其进行书写，长衫暗示了他"高人一等"的社会地位，但"似乎十多年没有补，也没有洗"的长衫又提示了他不过是一个人人嫌弃的社会弃子，"站着喝酒而穿长衫的唯一的人"的矛盾组合使得读者印象深刻。孔乙己的"长衫"也成了中国文化中的经典符号。

玛格丽特·杜拉斯在其名作《情人》中则反复提到一双鞋子：

> 那天我一定是穿的那双有镶金条带的高跟鞋。那时我穿的就是那样一双鞋子，我看那天我只能是穿那双鞋。是我母亲给我买的削价处理品。我是为了上中学才穿上这样一双带镶金条带的鞋的。我上中学就穿这样一双晚上穿的带镶金条带的鞋。②

这双鞋子浓缩着人物的处境和追求："上中学才穿""削价处理品"等语，透露出她在物质方面的匮乏，而这样一双鞋子又因为好看而令她十分满意，这暗示了她贫穷但爱美并因此会有些虚荣的心理。在该作品中描述人物外形的其他细节里，我们也能够看到"美"与"贫穷"并存的特征：

> 才十五岁半。那时我已经敷粉了。我用的是托卡隆香脂，我

---

① 鲁迅. 鲁迅全集：第1卷. 北京：人民文学出版社，2005：458.
② 杜拉斯. 情人. 王道乾，译. 上海：上海译文出版社，2014：14.

想把眼睛下面双颊上的那些雀斑掩盖起来。我用托卡隆香脂打底再敷粉，敷肉色的，乌比冈牌子的香粉。这粉是我母亲的，她上总督府参加晚会的时候才搽粉。那天，我还涂了暗红色的口红，就像当时的樱桃的那种颜色。口红我不知道是怎么搞到的，也许是海伦·拉戈奈尔从她母亲那里给我偷来的，我记不得了。我没有香水，我母亲那里只有古龙香水和棕榄香皂。①

十五岁的少女已经开始化妆，这是她爱美的特性。但她所使用的化妆品不是来自母亲，便是来自朋友，而这些东拼西凑来的化妆品中仍是少了香水。这些细节与削价买来的鞋子透露出相同的信息，一同反映出主人公的性格和处境。

2.2.2 内在

相较于外形，人物的内在世界更为复杂。乐观、慷慨、吝啬等性格特质，以及欢愉、痛苦、哀伤的感受，是使人物能够鲜明生动的关键性元素。由于性格和感受这些抽象内容无法被直观看见，所以对于人物内在特征的书写，需要借助行动和语言来加以表现。

- **性格**

以巴尔扎克的《欧也妮·葛朗台》为例。当我们提到这部小说的时候，一瞬间就会想到"吝啬"一词，那么这个词是怎么深植于读者的头脑中的呢？仔细翻阅这部小说就会发现，吝啬的人物性格是由一个个细节强化而成的。比如葛朗台不允许女儿和妻子随意烤火，只有到11月1日才会点起壁炉，而3月31日就得熄灭；又比如他对物品看管严格，即使是几支蜡烛也要亲自分发；家里老仆人工作了二十年，葛朗台送给仆人的礼物也只是一只旧表，更有意思的是，这只旧表还是葛朗台"发狠"送的。将吝啬贪婪的性格特征表现至极致的，

---

① 杜拉斯．情人．王道乾，译．上海：上海译文出版社，2014：20.

是葛朗台临终时的一个动作：

> 本区的教士来给他做临终圣事的时候，十字架，烛台，和银镶的圣水壶一出现，似乎已经死去几小时的眼睛立刻复活了，目不转睛地瞧着那些圣器，他的肉瘤也最后地动了一动。神甫把镀金的十字架送到他唇边，给他亲吻基督的圣象，他却做了一个骇人的姿势想把十字架抓在手里……①

即使在生命的最后一刻，葛朗台都在追求财富。这种忘却生死的荒诞场景将贪婪和吝啬非常生动地表现了出来。通过这个例子我们可以学习到，在描写人物的性格时，可以通过夸张的戏剧性场景来将人物的某个突出特质推至极致。

· **感受**

描写感受是有难度的，感受往往由一系列抽象感知组成，渴望、留恋、厌恶、痛苦、欢乐、饥饿……人类的感受成千上万，如何通过文字生动形象地将这些抽象感知具象化，特别考验写作者的能力。**想象和通感，往往是很多写作者采用的基本处理方式。**

契诃夫在短篇小说《牡蛎》中，使用了一种十分巧妙的感受书写技巧，我们姑且称之为"正反描写法"。《牡蛎》所重点书写的感受是"饥饿"，一个穷困潦倒的父亲带着儿子在大街上乞讨，儿子已经饿得快要失去知觉，在他疯狂想要食物的时候，忽然看到街边招牌上写着"牡蛎"二字。儿子不明白牡蛎是什么，父亲告诉儿子它是一种海洋动物。听到父亲的讲述后，儿子伴随着饥饿展开了想象：

> 我立刻想象出这个未曾见过的海洋动物是什么模样。它应当是介乎鱼虾之间的某种东西。它既然是海味，人们当然把它做成鲜美滚烫的汤菜。加上香喷喷的胡椒面和月桂叶，或者做成酸溜

---

① 巴尔扎克. 欧也妮·葛朗台 高老头. 傅雷，译. 北京：人民文学出版社，1980：161.

溜的杂拌汤,再不做成虾酱油,或是拌辣根的冻子……我生动地想象如何把这种动物从市场上买回来,赶紧收拾干净,赶快下锅,快,快!因为大家都想吃,特别想!从厨房传来炸鱼和虾汤的气味。①

值得注意的是,契诃夫没有停留在对"渴望"这种感受的描写上,几乎是立刻,他描写了儿子对牡蛎的"厌恶"。当儿子得知牡蛎是一种生吃的食物,他继续想象了起来:

> 原来牡蛎是这么回事!我想象这动物样子像青蛙,藏在贝壳里,瞪着两只闪亮的眼睛,翕动它那令人讨厌的下颚。我想象这东西包在贝壳里,伸出几只螯,闪着亮晶晶的眼睛,表皮黏糊糊的,从市场上买回来……孩子们吓得都藏起来,厨娘厌恶地皱着眉,抓起它的螯子,放到盘子里,端到餐桌上,大人们拿起来就吃……②

令人惊叹的是,契诃夫在描写了对牡蛎的"厌恶"之后,马上写下了几句神来之笔——"我皱起了眉,但是……但是,为什么我的牙嚼起来了?这动物可恶、讨厌、吓人,可我还是把它吃了,贪婪地吃了,只怕品出它的滋味和气味。"③ 由此,我们清晰地看到了"饥饿"的威力,它使人贪恋食物,不管这食物是美味还是令人恶心,饥饿都会促迫着人将食物疯狂地塞入口中。

从正反两个方面对人物感受进行双重甚至多重书写,会让感受变得具体可感且意义多样。写困意,就可以联想精神百倍时的状态;写痛苦,则要以欢乐畅快来加以衬托;渴望之前先有压抑;狂欢之后则有无尽的寂寥。这些方式,都可以应用到我们的写作实践中。

---

① 契诃夫. 契诃夫中短篇小说全集:Ⅲ. 王守仁,等译. 上海:上海译文出版社,2021:44.
② 同①45.
③ 同①45.

2.3 命运

在确定了可参照的原型,并设置好人物的外形与内在特征之后,究竟该如何讲好关于一个人物的命运?真正好的文学作品往往和人物的命运展开密切相关。虽然不同写作者写作的方式各有差异,但从小说的动力学角度来说,**对人物命运展开有推动作用的元素无外乎环境、欲望、感官和冲突**。

环境,指的是人物所身处的境遇,包括空间环境,如《鲁滨孙漂流记》中鲁滨孙所身处的荒岛。环境也包括个人社交环境和时代历史背景。如《日瓦戈医生》中日瓦戈在医院工作,与护士拉拉相识,这是小说人物的社交环境;此外,小说中的人物都处于俄国革命战争的残酷境遇中,这是人物所处的时代环境。

欲望,则是人物的内心欲求。当人物被放置在某种环境中时,我们需要思考:这些人物的欲望是什么?他们内心的渴望能够被满足吗?如果不能被满足,人物会如何行动?在《简·爱》这部作品里,简·爱毕业后在罗切斯特的家中担任家庭教师。在新环境中,简·爱爱上了罗切斯特,这种爱慕之情便是主人公简·爱的"欲望"。因罗切斯特已有疯妻,该欲望无法被满足,简·爱便悲伤离去。当罗切斯特的妻子纵火死亡,简·爱发现自己仍然爱慕罗切斯特,便又重回故地。可见爱的欲望,是这部小说叙事的主要推动力量。

感官,是环境和欲望所引发的各类感受,这些感受会通过视觉、听觉、触觉等各类感官体验呈现出来,它们是推动故事向下一阶段迈进的润滑剂。写作者应当将这些感受描写出来,以增强叙事的逻辑合理性。

冲突,往往是指引发人物巨变的关键事件。在陀思妥耶夫斯基的长篇小说《罪与罚》中,大学生拉斯柯尔尼科夫所秉持的"正义"理念让他相信,如果杀死一人而造福千人,那么这个人的死就是造福社会的福祉，于是拉斯柯尔尼科夫在目睹底层人民生活的困苦生活后，狠心杀死了放高利贷的老太婆阿廖娜，该犯罪行为就是这部作品的关键性冲突。

我们可以以艾丽丝·门罗的中篇小说《逃离》为学习样本，观察环境、欲望、感官和冲突四个要素是如何凝结成一篇小说的。"逃离"是文学史上的重要书写主题，福楼拜、易卜生、鲁迅等作家都对该主题有过深入挖掘。艾丽丝·门罗通过年轻女子卡拉的三次"逃离"，集中探讨了女性在家庭、情爱和自我主体性建构等方面的精神困境。

第一次逃离

元素	引文①	解析
环境	当时她十八岁，刚刚离开中学。她的父母亲要她接着上大学，只要能让她学兽医，她倒也不反对继续上学。……她是中学里的所谓差等生，是姑娘们众口一词的恶言取笑对象，可是她倒不怎么在乎。	卡拉虽生活在中产阶级家庭，但学业差，能力不足，算是中产阶级族群中的异类。
欲望	同样吸引着她的还有他过去那种不太正规的生活，他坦然承认的孤独寂寞，他对马匹有时会显露出来的柔情——对她也是这样。她把他看作是二人未来生活的设计师，她自己则甘于当侍虏，她的顺从既是理所当然的也是心悦诚服的。	她渴望从"同类"中获得自我认同，希望脱离家庭获得自由。为了摆脱"失败感"，她不惜将自己交托出去，将克拉克当作生活的主导者。
感官	她看不起自己的父母，烦透了他们的房子、他们的后院、他们的相册、他们度假的方式、他们的烹饪路子、他们的"洗手间"、他们的"大得都能走进去人"的壁柜，还有他们为草坪所安装的地下喷水设备。	她将自我的失败感投射为对中产阶级家庭环境的厌弃。

---

① 以下引文皆来自：门罗. 逃离. 李文俊，译. 北京：北京十月文艺出版社，2014.

续表

元素	引文	解析
冲突	她母亲说:"他会伤了你的心的,这还不是板上钉钉的事儿?"她的继父,一个工程师,甚至都不认为克拉克有这能耐。"失败者一个。"他这么说克拉克,"一盲流游民。"仿佛克拉克是只臭虫,他手指一弹就能从自己衣服上把他弹飞似的。……因此,很自然,卡拉只好出走,去和克拉克住到一起了。	卡拉喜欢克拉克,但她的父母却认为克拉克是个无能的人。双方发生争吵,这场冲突导致了卡拉的第一次逃离。

第二次逃离

元素	引文	解析
环境	就在此刻,克拉克在网上寻找有什么地方能买到做屋顶的材料。看有没有某个清仓处理尾货的铺子,开的价是他们能够承受的,或是有没有什么人要处理这一类的二手货。……克拉克不单单跟他欠了钱的人打架。他上一分钟跟你还显得友好的——那原本也是装出来的——下一分钟说翻脸就翻脸。	卡拉与克拉克生活在一起后,发现生活并不舒适,一方面他们十分贫寒拮据,另一方面克拉克情绪暴躁。
欲望	"出走吗?如果办得到的话我早就这样做了。"卡拉又呜咽起来了,"只要可能,我会付出一切代价这么做的。可是不行啊。我没有钱。在这个世界上也没有任何地方可以投奔。"	想要从克拉克那里获得爱的希望逐渐破碎,卡拉萌生了离开的念头。
感官	她抿紧双唇,闭住眼睛,前后晃动着身子,似乎是在无声地呜咽,接着,让人吃惊的是,她竟放声大哭起来了。她一会儿号哭,一会儿饮泣,大口大口地吸气,眼泪鼻涕都一起出来了。	卡拉对克拉克和当前的生活状态都十分失望、痛苦。
冲突	卡拉说:"我再也受不了了。" 受不了的又是什么呢? 原来指的是她的丈夫。 他什么时候都冲着她发火。就像是心里有多恨她似的。她不管做什么都是做得不对的,不管说什么都是说错的。跟他一起过真要把她逼疯了。	当失望不断积累,有时并不需要爆发式的激烈冲突,人物就能在不断蓄积的势能的引导下做出下一步决定。

第三次逃离

元素	引文	解析
环境	大巴在另一个镇子上停了下来。从她登上车子起,这已经是第三站了,这就说明车子经过第二站时她甚至都没察觉到。大巴一定停下来过,司机也一定报过站名,可是她让惊慌弄得糊里糊涂的,竟什么都没有听见什么也没有看见。	卡拉终于决定离开克拉克。她乘上大巴前往多伦多。
欲望	她是会不知所措的。打出租车,告诉司机一个自己都很陌生的地址,第二天早上起来,刷完牙,便往一个陌生世界里闯?她又究竟是为什么要去找工作,把食物往嘴里一塞,就搭上公交车把自己从一个地方带往另外一个地方呢?	独自一人面对未知的生活不仅让卡拉十分惊慌,还让她丧失了意义感,这令她非常渴望重新获得心灵的依靠,让自我重新依附到他者身上。
感官	她好不容易才止住了哭泣,可是又开始浑身颤抖起来了。她现在的状态特别糟糕,她得抑制住、控制住自己。"得控制住自个儿嘛。"…… 她双脚此时距离她的身体似乎很远。她的膝盖,穿在不是自己的硬绷绷料子的裤子里,犹如灌了铅般的沉重。她像匹被锤击过的马似的,怎么也站不起来。	惊慌失措和无目的、无意义的感受令她十分痛苦。
冲突	"来接我一下吧。求求你了。来接接我吧。" "我这就来。"	最终卡拉冲下大巴,给克拉克打电话。卡拉逃离了大巴,实际上也逃离了逃离本身。

上述引文只摘引了符合环境、欲望、感官、冲突四要素的重点部分,基于篇幅并没有将全部相关文字呈现出来。但是我们依然可以从中看出,艾丽丝·门罗笔下的三次逃离,基本是围绕四要素进行叙述的。在叙述中,门罗采用了我们此前在结构部分所讲述的叙述技巧,

将第一次逃离的四要素分散插入到第二次逃离的叙述过程中，使小说的讲述通过卡拉的记忆获得了叙述上的节奏感。**总而言之，锻炼围绕环境、欲望、感官、冲突等要素进行整合叙述的能力，可以让我们更好地呈现小说人物的命运故事。**

第三节 细节

经典的文学作品，从文本的层面来说，离不开富有表达力的语言、鲜明的人物形象、动人的故事情节以及精巧大气的结构。细节，就是将这些要素黏合为一个有机体的关键。在文学作品尤其是叙事文学如长篇小说、戏剧中，细节可能不是一个独立的部分，但是，细节无处不在，渗透在一部作品的全部肌体中。细节就像有生命的细胞，唯有借助这种"细节细胞"，环境才能典型，人物才能生动，故事才能可信。下面我们从写人和状物这两个方面来分析小说中的细节处理。

3.1 写人

我们以路遥的长篇小说《平凡的世界》的开篇为例，学习一下作家通过细节塑造人物的思路。人离不开他所生活的环境，因此这部小说是以对典型环境的描写开场的：

> 细蒙蒙的雨丝夹着一星半点的雪花，正纷纷淋淋地向大地飘洒着。……石板街上到处都漫流着肮脏的污水。风依然是寒冷的。空荡荡的街道上，有时会偶尔走过来一个乡下人，破毡帽护着脑门，胳膊上挽一筐子土豆或萝卜，有气无力地呼唤着买主。[1]

这段文字通过污水、破毡帽等细节，真实展现了当时中国的社会环境，并暗示了社会转型的必要性和曲折性——"黄土高原严寒而漫长的冬天看来就要过去，但那真正温暖的春天还远远地没有到来"[2]。同样是在小说的开篇，高中生孙少平因为家境贫寒，连学校提供的最便宜的"丙菜"——5分钱一份的清水煮白萝卜都吃不起！他等到同学们都散了才偷偷过来拿他的两个黑高粱面馍。突然，他发现盛"乙

---

[1] 路遥. 平凡的世界：第一部. 北京：北京十月文艺出版社，2019：3.
[2] 同①.

菜"的菜盆里还剩下一点残汤剩水,"他很快蹲下来,慌得如同偷窃一般,用勺子把盆底上混合着雨水的剩菜汤往自己的碗里舀。铁勺刮盆底的嘶啦声像炸弹的爆炸声一样令人惊心"①。这是一个近镜头的细节特写,将孙少平的自卑和敏感描摹得淋漓尽致。

在现实生活中,通过日常生活的细节往往能够观察到一个人的一些性格特征。比如,经常打领带的人,一般做事会比较严谨;眼睛转得快的人,往往思维比较活跃;喜欢穿运动鞋的人,往往不拘小节;等等。小说也一样,作品中的人物其实是一种"符号人物",如果没有细节的加持,往往容易流于模式化。高明的小说家都善于编织细节,让笔下的人物血肉丰满起来。

作家孙犁的名篇《荷花淀》中,有一处写"话别"的情节。水生嫂的丈夫接到上级通知第二天集合出发应战,当时她正在编芦苇,听到丈夫说"明天我就要到大队上去"时,"女人的手指震动了一下,想是叫苇眉子划破了手,她把一个手指放在嘴里吮了一下"②。这里"手指震动""吮"都是非常细微的动作,但孙犁通过这两个动作的细节描写,将水生嫂关心丈夫、不舍得其离开,但又顾全大局、隐忍自己儿女情长的内心表达了出来。一位美丽贤惠同时又深明大义的传统农村妇女形象顿时跃然纸上。

20世纪90年代以来,文学作品中的人物形象普遍不够典型,这一方面固然与现代主义写作追求抽象化、模糊化有关,另一方面也跟作家缺乏处理细节的能力有关。好在作家们已经普遍意识到这一点,最近几年的长篇小说中,涌现出一批性格鲜明、细节丰富的人物形象,比如徐则臣《耶路撒冷》里的初平阳、陈彦《装台》中的刁顺子等。

以《装台》为例。这部小说写一个普通剧场装台人刁顺子的人生故事,是一部典型的现实主义作品,作家对刁顺子这个人物的塑造,

---

① 路遥. 平凡的世界:第一部. 北京:北京十月文艺出版社,2019:6.
② 孙犁. 荷花淀//白洋淀纪事. 海口:南方出版社,2022:2.

就使用了大量的细节描写。其中一个细节是顺子"奉命"送钱给大哥付浴资，本来身上带了两千五百元。大哥问"带了多少？"，他回答说"满共有两千多一点"。大哥说"那就都放下吧"。顺子放了两千二，偷偷在裤兜里留了三张。他心里一千个不愿意，嘴上还假客气："要实在不够了，我……我再去取点？"① 人物的性格特征和心理活动就这么顺当地展现出来了。

细节也带来了一种分寸感。所谓的"分寸感"，是指对故事情节的控制度，不急不慢，恰到好处。《装台》中有瞿团斗两位名角的故事。瞿团唯一一次大发雷霆，就是命令两位名角必须第二天上午十点半到舞台拍戏，否则翻脸不认人。小说写第二天一众人等都在舞台静候，瞿团端坐中央，十点半，人没到；十点四十，人还是没到。就在瞿团已经失去耐心的时候，十点五十，人到了——而且两人因为怄气，不是从一个门进来的。这就是极佳的控制度。如果两人十点半就到了，缺乏紧张气氛；如果干脆就没到，情节不好收拾；迟到一会儿，而且不从同一个门进来，这就体现了一个写作者的掌控力。即通过细节把控情节，不疾不缓，张弛适度。如此看来，细节也是一种叙事的方法论。

3.2 状物

从前述与人物相关的细节描写方法中，我们可以发现，对"人"的呈现是需要"物"来配合的，无论是人物的衣物还是食物，都承担着传达人物性格、情感、价值观念的职责。那么这些细节之"物"，又是以什么方式，通过怎样的技巧被恰到好处地嵌合在小说的文字之流中的呢？

- **罗列与细描**

对于细节之物，以什么倍数的放大镜来加以审视，是写作者首先

---

① 陈彦. 装台. 北京：人民文学出版社，2019：221.

需要考量的问题，或者用更简单的话来说：写作者需要将细节描写得有多"细"？要确定这一点，我们需要从细节的功能出发去思考该问题。如果想要通过不止一个物品呈现小说的中心主题，那么可以以稍简省的方式描写每件物品，或只是对其名称加以罗列；如果想要对物品的特征进行更为深入的展现，那么细细描摹物品的各种特性便是必不可少的。我们以两个描写食物的片段来体会不同描写方式所具备的不同功能。莫泊桑的《羊脂球》是大家耳熟能详的作品，在这篇小说中，来自社会各阶层的十个人共乘一辆马车逃往港口，十个人中只有妓女羊脂球携带了食物，众人饥寒交迫之时，她将食物慷慨地分享给了那些看不起自己的上等人。文本中对食物的描写如下：

> 她首先从提篮里取出一只陶质的小盆子，一只细巧的银杯子，随后一只很大的瓦钵子，那里面盛着两只切开了的子鸡，四面满是胶冻。后来旁人又看见提篮里还有好些包着的好东西：蛋糕、水果、甜食。这一切食物是为三天的旅行而预备的，使人简直可以不必和客店里的厨房打交道。在这些食物包裹之间还伸着四只酒瓶的颈子。她取了子鸡一只翅膀斯斯文文同着被诺曼底人叫做"摄政王"的那一种小面包吃了起来。[①]

这些细节一方面是为了说明羊脂球所携带的食物的精美诱人，另一方面则是为下文饥饿的众人分食羊脂球的食物做铺垫。基于这两个目的，作者只需罗列食物名称以暗示其美味和丰富即可，无须进行更细致的书写。但是，同样是描写食物，普鲁斯特在《追忆似水年华》中不仅描写了玛德莱娜小点心的样子、味道，还仔细描写了由此所引发的回忆，作者仿佛拿着一个巨大的放大镜检视与玛德莱娜小点心相关的一切。这样书写的目的，是令玛德莱娜小点心成为回忆的闸门，牵引出故乡贡布雷的往事，这时候对细节的充分描摹便是必要的，这

[①] 莫泊桑. 羊脂球. 郁丹, 译. 北京：新世界出版社，2009：9.

种"放大细节"唤醒了种种感受和回忆，构成音乐般的内在世界，成为普鲁斯特独特的写作技法之一。但需要提请写作者注意的是，不是所有作品都有将细节摹写至极致的必要，以何种倍数缩放写作的"镜头"，需要根据具体的写作目的来考量，否则细节的无意义堆叠会使小说冗杂而乏味，使读者失去阅读的乐趣。

· **主题物与无关之物**

如果所描写的物品与小说主题联系十分紧密，近乎可以作为主题的隐喻，那么这种物品就是主题物。对于此类主题物的描写，往往会贯穿小说的全文，而不是集中在某一段落；不仅如此，小说的情节走向和人物的行动也围绕该物品缓缓展开。鲁迅的小说《药》便是一篇以染血的馒头为主题物的作品。民间偏方把人血馒头当作治疗肺痨的良药，于是华老栓买通了刽子手，把沾着革命者夏瑜鲜血的馒头带回家给华小栓治痨病。人血馒头既象征了革命者牺牲的无价值，也暗示着民众的愚昧无知。对于这样具有深刻隐喻意味的主题物，一般的细节描写方式便无法很好地发挥作用，即写作者不能只局限在对物本身性状的描摹上，它的颜色和气味不足以说明该物的象征属性，而需要以人的言行作为描写的辅助细节。我们发现鲁迅对于馒头的样子的描写只有简单几句，如"用荷叶重新包了那红的馒头""一阵红黑的火焰过去时，店屋里散满了一种奇怪的香味""乌黑的圆东西"等等，但是对老栓拿馒头和小栓吃馒头的细节却颇费工夫：

"这给谁治病的呀？"老栓也似乎听得有人问他，但他并不答应；他的精神，现在只在一个包上，仿佛抱着一个十世单传的婴儿，别的事情，都已置之度外了。他现在要将这包里的新的生命，移植到他家里，收获许多幸福。①

---

① 鲁迅. 鲁迅全集：第1卷. 北京：人民文学出版社，2005：465.

> 小栓撮起这黑东西，看了一会，似乎拿着自己的性命一般，心里说不出的奇怪。十分小心的拗开了，焦皮里面窜出一道白气，白气散了，是两半个白面的馒头。——不多工夫，已经全在肚里了，却全忘了什么味；面前只剩下一张空盘。①

老栓珍惜这个人血馒头，珍惜的却并非革命者真正的价值，他也不明白真正的幸福应从何而来，这是麻木愚昧的民众所制造的悲哀；为了民众献出一切的革命者，最终潦草地变成小栓腹中"全忘了什么味"的一个馒头，这其中的荒谬汇聚为带着愤怒的阵痛；借这个人血馒头，作品形成了强烈而沉郁的批判意味。当然此处的目的不在于分析这篇小说的主题意蕴，而是借该作品介绍一种细节之物的书写方式："写人"与"状物"可以彼此互助。当物的隐喻意味成为重要主题时，单纯描绘物的状态则远远不够，要充分挖掘人在面对物时的心理状态和言行方式，使该物品的象征力量充分释放出来；而对于与主题联系不够紧密的物品，或者对于书写中心依然在人的作品中的物品，描写则可概括简洁，以免出现"以物蔽人"的情况。

·时间之物与空间之物

处于物理空间中的物，可以成为抵达时间之维的通道，也就是说，关于物的细节书写，可以不局限于物品的常规属性，充分发挥写作者的想象力，赋予物更宽广的指涉幅度。这样的描述可能稍显抽象，如果以博尔赫斯的作品为例，则能使该方法获得一定的具象化，成为可被借鉴模仿的写作技法。在《沙之书》中，作者描写了一本奇异的书，这本书没有起点，也没有终点，每隔两千页有一幅小插图，但主人公翻阅数月，也没有发现有重复的图画。这本奇书到底是什么样的？博尔赫斯非常传神地描述道："我把左手按在封面上，大拇指

---

① 鲁迅. 鲁迅全集：第1卷. 北京：人民文学出版社，2005：466.

几乎贴着食指去揭书页。白费劲：封面和手之间总是有好几页，仿佛是从书里冒出来的。"① 作者将这本无始无终的书与时空无边无际的特性联系在了一起，他借主人公之口说："如果空间是无限的，我们就处在空间的任何一点。如果时间是无限的，我们就处在时间的任何一点。"② 时间与空间的属性集中在一本书上，便形成了这样一个令人印象深刻的故事。相似的小说还有他的《小径分岔的花园》，这也是一部物的空间属性与时间属性相贯通的小说，时间就像小径分岔的花园，通往凝结着不同结局的目的地。陈春成的《夜晚的潜水艇》借鉴了博尔赫斯的写作思路，但他书写的不是空间之物与时间之物的转化，而是穿透了想象世界与真实世界之间的区隔，令想象与真实获得了彼此接触的可能。

由此可见，对细节之物的描写不仅可以呈现现实世界，也可以通过对物赋予独特的特质，使其获得开阔的收纳与指涉能力，现出更高维度的思考。

---

① 博尔赫斯. 沙之书. 王永年，译. 上海：上海译文出版社，2015：128.
② 同①129.

第四节 视角

当你开始写小说的第一个句子时，所面对的首要问题不是结构、人物，也不是如何罗列细节，而是视角的抉择。你要以谁的口吻来讲述故事？又要以谁的眼睛来审视事件？通常在写作中，有三种视角可以选择：第一人称视角、第三人称视角和全知视角。第二人称视角同样可以用来写作，也就是使用"你"来讲故事，例如卡尔维诺的《如果在冬夜，一个旅人》就是以第二人称"你"来叙述的："你即将开始阅读伊塔洛·卡尔维诺的新小说《如果在冬夜，一个旅人》。先放松一下，然后集中注意力。抛掉一切无关的想法，让周围的世界隐去。"① 以第二人称展开叙事，可以使读者具有强烈的代入感，但由于心理距离过近，写作者很难把握分寸和尺度，有时候反而引起读者不适。所以对于初学者而言，应首先掌握通用的写作视角，在技法娴熟后，再进行第二人称写作的尝试。因此，本节会集中于对第一人称视角、第三人称视角和全知视角写作技法的介绍。

4.1 第一人称视角

使用第一人称视角，要以"我"为叙述者。当然，对于小说写作者而言，即使是以"我"为叙述主体，该主体也是与作者本人相区别的，这个"我"字的持有者应当是小说中的一个人物——既可以是小说的主角，也可以是作品中的某个小配角。那么问题在于，什么时候应当使用第一人称视角来创作呢？在做决定前，我们先来了解一下使用第一人称的优势：第一，它带有口语色彩，表达鲜明、直接、清晰。第二，可以使用风格化表述，如方言土语。第三，能使读者获得较强的体验感，容易引发阅读兴趣。

---

① 卡尔维诺. 如果在冬夜，一个旅人. 萧天佑，译. 南京：译林出版社，2012：1.

塞林格的名作《麦田里的守望者》是第一人称视角叙述的范例。小说以十六岁的少年霍尔顿为主角展开讲述,从一开始,作品中就充斥着霍尔顿的声音,仿佛他正面对面向读者讲述自己的故事:

> 你要是真想听我讲,你想要知道的第一件事可能是我在什么地方出生,我倒霉的童年是怎样度过,我父母在生我之前干些什么,以及诸如此类的大卫·科波菲尔式废话,可我老实告诉你,我无意告诉你这一切。首先,这类事情叫我腻烦;其次,我要是细谈我父母的个人私事,他们俩准会大发脾气。对于这类事情,他们最容易生气,特别是我父亲。他们为人倒是挺不错——我并不想说他们坏话——可他们的确很容易生气。再说,我也不是要告诉你他妈的我整个自传。①

无须过多引用就可以看出,在使用第一人称视角叙述时,小说的语言风格直接体现为小说人物的语言特质。霍尔顿对周遭一切感到厌烦,他的讲述便有玩世不恭的意味,而这正是这部小说整体的语言风格。在语言的组织方面,作品的口语化特征非常明显,文本中很少出现严肃规整的书面化表达,这也与以"我"为直接叙述者有密切的关系。当"我"发出声音时,实际上是在营造面对面谈话的场景,简洁、风格化的口语表达在该场景中更为自然流畅。此外,如果想要使作品在语言表达方面带有一定的口语化特征,或使叙述带有地方方言色彩以增加作品辨识度,第一人称视角也是一个很好的选择。

再来看《情人》那个不断被仿写的、令人印象深刻的开头:

> 我已经老了,有一天,在一处公共场所的大厅里,有一个男人向我走来。他主动介绍自己,他对我说:"我认识你,永远记得你。那时候,你还很年轻,人人都说你美,现在,我是特为来

---

① 塞林格. 麦田里的守望者. 施咸荣,译. 南京:译林出版社,2010:1.

告诉你,对我来说,我觉得现在你比年轻的时候更美,那时你是年轻女人,与你那时的面貌相比,我更爱你现在备受摧残的面容。"①

以第一人称"我"开头的句子,迅速将读者拉进小说的情境之中,仿佛有一个年迈的女子正向读者絮絮述说往事,在她的讲述中,正有一个男人剖白自己的内心。这是一种可以让读者迅速代入其中的叙事方式,如果无法体会第一人称视角的切近感,我们可以尝试将段落中的"我"替换为"她":

> **她**已经老了,有一天,在一处公共场所的大厅里,有一个男人向**她**走来。他主动介绍自己,他对**她**说:"我认识你,永远记得你。那时候,你还很年轻,人人都说你美,现在,我是特为来告诉你,对我来说,我觉得现在你比年轻的时候更美,那时你是年轻女人,与你那时的面貌相比,我更爱你现在备受摧残的面容。"

仅仅修改了三个字,饱经风霜又历历在目的讲述感立刻缩减了不少。能感受到修改后急速拉远的心理距离吗?当使用"他"或"她"的时候,文辞所产生的距离感是远大于使用"我"的,这种微妙的心理感受,恰恰是平庸书写与优秀作品之间无法跨越的巨大鸿沟。

但是,第一人称视角同样拥有自己的"不足"之处,此"不足"并不是指瑕疵、缺陷,而是指使用第一人称视角写作时所无法达成的方面:"我"只能知道自己的所思所想,他人的想法"我"是无法直接获取的,只能通过观察来推测。针对这种"不足",当需要写出小说中其他人物的所思所想时,写作者就需要描写该人物的行为和话语,以推出"我"所猜测的结论。例如在《了不起的盖茨比》中,小

---

① 杜拉斯. 情人. 王道乾, 译. 上海:上海译文出版社, 2014:3.

说的叙述者"我"不是主人公盖茨比,当"我"想要说出小说主角盖茨比的心理状态时,"我"就必须将"证据"陈列清晰:

> "我坚信她从未爱过他,"盖茨比从窗前转过身,用挑衅的眼神看着我,"你一定记得,老兄,今天下午她特别激动。他说的那些话吓坏了她——他把我说成了一个一文不值的骗子,导致她压根不清楚自己说了些什么。"
>
> 他沮丧地坐了下来。
>
> "当然,他们刚刚结婚时,她也许短暂地爱过他——但即使是在那个时候,她还是更爱我,你明白吗?"
>
> 他突然又冒出一句奇怪的话。
>
> "无论如何,"他说,"这只是个人的事。"
>
> 这句话我们除了猜想他对这件事投入了强烈到无法估量的感情外,还能怎么理解呢?①

"我"的结论是,盖茨比对此事投入了"强烈到无法估量的感情",但是由于叙述者是"我"而不是盖茨比,因此对于这个结论,"我"只能通过对方的动作和语言来加以佐证,如通过"用挑衅的眼神看着我""沮丧地坐了下来""冒出一句奇怪的话"等动作,以及"我坚信她从未爱过他"等话语,来说明推测的合理性。如果使用第一人称视角,在描写第三人的想法却无以上"证据"时,则会显得怪异且不合逻辑。此外,需要注意的是,**在使用第一人称视角时,"我"应当在大多数事件发生的现场,只有如此,才能通过"我"的眼睛观察到故事的走向,情节的展开才符合基本逻辑。**

4.2 第三人称视角

第三人称视角又称第三人称限制视角,以第三人称的"他"或

---

① 菲茨杰拉德. 了不起的盖茨比. 张炽恒,译. 北京:北京时代华文书局,2018:195-196.

"她"来代指所描述的对象。第三人称视角是大多数作家所使用的写作视角，相较于第一人称视角，第三人称视角在心理距离把控方面更为精巧，也更容易调节。约翰·加德纳在《小说的艺术》一书中详述了在以第三人称视角写作时，不同语句所营造的不同心理距离，他由远及近对这些例句进行了列举：

（1）这是1853年的冬天，一个高个儿男人走出门口。

（2）亨利·J.沃伯顿从来不在意暴风雪。

（3）亨利痛恨暴风雪。

（4）上帝知道，他痛恨这些该死的暴风雪。

（5）雪，在你的衣领下面，在你的鞋里面，冰冷，填满了你痛苦的灵魂……①

显然例句（1）与读者的心理距离是最远的，我们仿佛从远处观看这一场景，无论是在时间还是空间层面，这个高个儿男人都因遥远而散发出淡漠和疏离感。从例句（2）开始，我们逐渐走进了他的内心，触摸到了他真实而强烈的感受。约翰·加德纳同时强调，当我们使用第三人称视角控制读者与人物之间的心理距离时，需要遵循由远及近、逐渐过渡的原则，如果心理距离发生毫无铺垫的突然转换，则会损害阅读体验。

此外，当使用第三人称视角讲故事的时候，与使用第一人称视角时一样，需要以该人物为出发点审视周遭一切。也就是说，写作者应以该人物为主体，通过他的所听所看所思所想来推动故事发展。这就意味着，选择不同人物作为视角持有者，会使小说产生完全不同的效果。一般来说，写作者普遍会选择故事的主要人物作为视角持有者，但也可以选择次要人物从旁观者角度来审视整个故事。如果选择旁观者视角，那么就需要注意，该旁观者最好参与了故事的整个流程，唯

---

① 加德纳.小说的艺术.王威，译.北京：中国人民大学出版社，2021：120.

其如此，从逻辑上说，他才能是一个合格的观看者和讲述者。

比如，赫尔曼·梅尔维尔在长篇小说《白鲸》中描写了一个捕鲸的故事，船长亚哈追逐和猎杀白鲸莫比·迪克，在经历种种起伏后，亚哈最终和白鲸同归于尽。作者并未选择亚哈作为视角持有者，而是选择了一个小人物——一个名为以实玛利的水手。这么选择的原因大概有两个，一是他人的观察和描述更容易呈现亚哈疯狂偏执的状态；二是亚哈与白鲸一同丧命，主角的生命提前终结，幸存者以实玛利的讲述更能使小说获得头尾连续性。更重要的是，作者的这一选择，可以使小说生成一定的批判和反思的意味：以实玛利这一姓名来源于《圣经》，带有宗教的悲悯意蕴，这个以《圣经》人物命名的水手，渴望重建自然与人类之间的和谐关系，透过以实玛利的眼睛观看整个事件，整部小说便建立在视角持有者的信念立场之上，以此展开了对人类中心主义的质疑和批评。

在第一人称视角与第三人称视角之间进行选择时，除了心理距离、人物立场等因素，还需要考虑到叙述的主客观程度问题。第一人称视角的讲述，传达的是小说人物"我"的所思所想，因此该叙述带有较强的主观性，甚至"我"可以在小说中"说谎"。正因为如此，写作者可以通过第一人称视角的讲述，制造"不可靠叙述"，以提升作品的复杂性。例如，纳博科夫在《洛丽塔》中使用第一人称"我"，讲述了叙述者亨伯特与洛丽塔之间的曲折过往。在他的讲述中，洛丽塔是他的生命之光、欲念之火，他真挚热烈的表述和自我剖析使这场不伦之恋有了被人理解的可能。同时"我"在叙述中也不断暗示洛丽塔才是这场关系的主导者，而自己则是优雅、绅士而保守的。那么事实真的是这样吗？如果读完这部小说，我们可以发现，"我"的叙述在很大程度上都是在维护自我的形象和利益，在很多细节处都有可被怀疑的缝隙。由此，《洛丽塔》这部小说便生成了双层文本，表层是叙述者亨伯特的絮絮回忆，深层次则需要读者通过想象和思考以接近真相。但是，如果使用第三人称视角，这种制造"不可靠叙述"的空间就缩小了很多。第三人称"他"或"她"的所思所想，往往是自己所相信的想法，即使由于价值观念的不同，对所观察到的人与事有所曲解，这些观点和看法也很少来自人物的刻意欺瞒。

虽然一些写作者认为，在熟悉第一人称视角的写作之后，就要摒弃该方法，以第三人称视角为主。但是实际上，这两种视角各有利弊，没有高下之分，需要写作者在充分考虑作品效果和想要达成的目的之后进行选择。即使选择有误也不要紧，只要将小说进行改写即可，因为写作者可以在改写的过程中收获更敏锐的觉知。一切尝试都是值得的。

4.3 全知视角与视角转换

当写作者在使用第三人称视角创作时，不是固定于某个人物，而是从一个人物穿梭到其他人物的内心，并能够自由获知他们的内心感受和对事物的看法，那么这种写作视角就是全知视角。

全知视角有两种。第一种全知视角是在不同人物的视角之间转换，写作者可以看到每个人物的想法和感受。以托尔斯泰的《战争与和平》为例，作品第三卷第38和39小节中，托尔斯泰对鲍罗金诺会战进行了描写。他先是进入拿破仑的心中，透过拿破仑的眼睛来审视周遭环境："拿破仑一向爱看伤亡的景象，以为这可以考验自己的意志。这天战场上的可怕景象却压倒了他的精神力量，他自以为具有这种力量，因而高人一等。……他现在唯一的希望就是休息、安静和自由。"[①] 此后，作者又进入士兵们的心中，描写这些士兵的所思所想："双方忍饥挨饿、精疲力竭的士兵都开始怀疑，是否应该继续互相残杀。人人脸上都现出犹豫，个个心里都产生这样的问题：'为了什么，

---

① 托尔斯泰. 战争与和平：下. 草婴，译. 北京：人民文学出版社，2020：892-893.

为了谁,我必须杀人和被杀?你们要杀就杀吧,你们高兴怎么干就怎么干吧,我可不干了!'"① 我们可以看到,托尔斯泰基于小说情节需要,自由地进出不同人物的内心世界;同时也应注意到,托尔斯泰并未让自己的声音直接出现在小说中,他对事件的想法和态度皆是以小说人物为媒介传达出来的。

第二种全知视角则是作者本人在场的写作。在这些作品中,作者往往以故事讲述者的姿态直接对人物和情节进行"居高临下"的点评。比如《堂吉诃德》开篇第一句便提醒我们,这是一个由作者讲述的故事:"不久以前,有位绅士住在拉·曼却的一个村上,村名我不想提了。"② 这类作者直接显露自身的写作方式在中国古典小说中也屡见不鲜,此种写作方式带有民间口头文学的表达痕迹,在当代小说创作中已经很少使用了。

相较于第一人称视角和第三人称视角的写作,在使用全知视角创作时,写作者往往有更为明晰的写作目的,因此需要通过更多人物的内心感受来强化写作主题。基于以上因素,**在决定将"视点"落在哪一个人物身上时就需要遵循一个遴选原则:如果该人物的内心感受更加容易反映主题,那么就应该将"视点"重点落在该人物身上**。让我们想象一个场景,一个衣着寒酸的男子举着一把破旧的黑伞,行走在大雨中。书写该场景的目的是呈现人物的贫穷,那么我们可以描写一阵大风将人物的黑伞吹走,此时这个人不顾兜头淋下的雨水,追在黑伞后面,终于捡起了黑伞,伞骨折了,他皱眉心疼许久,心里不由一阵沮丧,他想到,身上再没余钱买新伞了。写到此处,如果我们需要进一步强化人物的贫穷和可怜,那么就可以引入另一个人的视角,比如一个路人看到了大雨中追伞的男子,在路人的眼中,深秋的雨水毫不留情地落在男子花白的头发上,落在他佝偻的身躯上,濡湿了已经

---

① 托尔斯泰. 战争与和平:下. 草婴,译. 北京:人民文学出版社,2020:895.
② 塞万提斯. 堂吉诃德. 杨绛,译. 北京:人民文学出版社,1978:11.

变形的旧大衣，一阵寒风吹过，追伞的男子缩了缩脖子，路人也感觉冷风穿透了自己，他忍不住可怜起了对方。路人的视角就像一个多角度的镜头，为主题提供了更多表现路径。如果还有一个路人，他看到了该场景，但是内心却毫无波动，依旧关注自己的生活，思考与主题无关的内容，显然这个"视点"就是无效的，是可以省略的部分。

另外需要注意的一点是，写作者需要从读者的角度出发，思考视角转换的必要性。**一般情况下，读者并不期望在作品中体验到过于频繁的视角变动**，视角转换很有可能带来阅读的卡顿，影响阅读体验，因此即使是全知视角的写作，也不要频繁而密集地转换视角，对于初学写作的人来说更是如此。在全知视角下进行视角转换的写作需要遵循三个基本原则：

（1）不要频繁转换视角，先集中书写其中一人的视角，再转移到另一个人的视角，而不是反复跳跃。

（2）选取必要的人物，作为小说视角的出发点。

（3）视角转换不可生硬，可以在转换前做适度铺垫。

其中，第（1）、第（2）点都容易理解，第（3）点我们可以通过张爱玲的小说《封锁》来加以理解和学习。在《封锁》这篇小说中，男女主人公在公车上相识，两人产生了一段短暂的感情纠葛，作者采用全知视角来呈现二人的内心波动，并以合理方式平滑地完成了视角转换。《封锁》的第 8 段集中展示了男主人公吕宗桢的动作和内心感受："坐在角落里的吕宗桢……思想是痛苦的一件事"[①]。完成该段落后，作者将视角转移到了女主角吴翠远身上，但该转移并不突兀，作者似乎举着一台摄像机，镜头从吕宗桢身上平移到其他乘客那里，最后再落到吴翠远身上。第 9 段就是完成视角转移的铺垫段落，"只有吕宗桢对面坐着一个老头子……他的脑子就像核桃仁，甜的，滋润

---

① 张爱玲. 倾城之恋. 北京：北京十月文艺出版社，2019：150.

的，可是没有多大意思"。老头的出现正是为了引出本文的女主人公——"老头子右首坐着吴翠远"①。当然，并不是所有视角转移都需要以铺垫段落来过渡，但是视角转移所造成的滞涩是需要用写作技巧来润滑的，新手需要在不断练习中感知视角转移时的节奏和分寸，进而创造属于自己的转换方式。

---

① 张爱玲. 倾城之恋. 北京：北京十月文艺出版社，2019：150.

第二章　非虚构写作

- ◆ 第一节　前期准备
- ◆ 第二节　素材收集
- ◆ 第三节　行文逻辑
- ◆ 第四节　吸引读者

1996年，27岁的何伟（彼得·海斯勒）在刚刚抵达涪陵几个月后，写出了一个短篇故事。故事的背景设定在他自小长大的地方——密苏里州。尽管他认为这是自己二十几岁时写得最好的作品之一，但读罢仍感到不尽如人意。随后，他产生了另外的念头，这一念头极大地影响了他日后的创作路径："既然我此刻正生活在长江边这个叫人啧啧称奇的地方，为什么还要去写有关密苏里的虚构故事？"[①]

何伟的经验不是孤例，非虚构写作往往诞生于这样的时刻，它来自虚构与非虚构之间某种神秘力量的博弈。除非作者本人有严格的职业属性和职业边界，或者供稿方对作者所要完成的作品有限定性的形式要求，否则自由的心灵总会在二者之间摇摆。当虚构的魔法无法召唤出更深的丰富与真实，现实的诱惑力远大于想象，非虚构便成为更好的选择，反之亦然。当然，虚构与非虚构并非如看起来那样泾渭分明，二者并不纯然是彼此的对立物。以非虚构写作为例，它之所以在近些年重新焕发生机，主要原因乃是吸收了虚构技巧的精髓，使其相比以往较为刻板的形式，更能够吸引读者的目光。

如今，非虚构写作越来越与小说等文学形式形成分庭抗礼之势，是当下最重要的文学潮流。对于非虚构写作的初学者而言，非虚构写作首先意味着讲好自己的故事，学习提炼词句、把握行文结构，还要训练诸如场景转换、人物形象塑造等细微层面的写作技巧。而对于更高阶的非虚构写作者来说，好的写作不仅在于使文章富于文学感染力，保持新闻式的客观真实，还要持有跨学科、跨领域的视域与野心，如此才能更好地接近和把握所要书写的对象。非虚构写作的包容

[①] 海斯勒. 江城. 李雪顺，译. 上海：上海译文出版社，2012：中文版序1.

性也正在于此,既可简亦可繁,既能面向自我心灵的深处,又能面向广阔的世界和复杂的他者。也就是说,它是一种向所有人敞开的文体。只要写作者有试图去理解或发现点什么的兴趣和愿望,非虚构写作就是最趁手的"武器"。

第一节　前期准备

　　起码有两个领域被认为是非虚构写作的发源地，其一是文学，其二则是新闻。美国的非虚构写作潮流几乎同时诞生于文学界和新闻界，因此它的作者构成以作家与记者为主体便不足为怪了。相当多的时候，一位作家既是经验丰富的非虚构写作者，同时又深谙虚构之道，如杜鲁门·卡波特、海明威、诺曼·梅勒……我们可以列举一长串的名字。国内"非虚构"这一专有名词的出现，最早在20世纪80年代，然而直到2010年前后，这个词以及相关作品才呈井喷式爆发，一举成为文学、新闻、出版等行业的热词。国内非虚构创作者的构成与美国的情形大体相似，但仍有一些区别。比如，中国的创作者中有一支庞大的以知识分子为主体的作者群，他们的出场姿态与言说方式明显有别于其他作家与记者，并且这些非虚构作品也与他们自身的专业输出品有相当大的不同。这一群体写作时的问题意识，在某种程度上形塑了中国非虚构写作的边界，使得中国的非虚构写作从一开始便承担起了相当大的社会责任。另外，一批以"素人"为作者特征的非虚构写作也浮出水面。这些活跃于新媒体平台的写作者们，以亲身经历和身边事为主要书写对象，创作的内容触及当下中国社会的诸多驳杂面向，甚至一些未被发掘的领域。这些作品往往具有强烈的情感力量，易引起广大读者的共情，虽有时欠缺语言、结构等方面的考量，但胜在"未经雕琢"，真实可感。

　　中国当代非虚构写作目前所呈现的，正是以上复杂、自由而又多元的样态。写作者要想像前辈写作者一样，创作出具备足够深度又好看的非虚构作品，需要长时间的积累、沉淀。在正式进行写作之前，写作者应该尽量做好知识、资料、选题等方面的广泛储备，当真正的写作到来时，这些储备将成为写作者最初的养分。

1.1 知识

当我们试图去理解某个事件的因果，或者某个人的境遇时，除了感同身受，花费较长的时间观察、询问以外，一些必要的知识储备会有利于我们更好、更快地去吸纳、吞吐对于我们而言较为异质的经验。它相当于非虚构写作的"隐形之手"，构成写作最重要的地基。写作者与读者的关系，是知识交换的关系，写作者必须为此做好充分的准备，最好"一开始就设想读者的智力至少不逊于你以为自己所拥有的智力……假定读者拥有你不知道的知识很有帮助"[①]。

需要提醒的是，现实从来都不是只通过长时间浸润便可完全理解的，张爱玲形容事实为"无穷尽的因果网，一团乱丝，但是牵一发而动全身"[②]。现实足以令任何一名写作者头痛。如此纷乱复杂的因果网，很难被人们完全理解并占有。人们所理解的，永远只是可理解的那一部分。写作者所面临的工作，正是将纷乱的现实抽丝剥茧，为读者形成那条可理解的逻辑线索——故事。"给我一个故事。"这才是读者想要从写作者手中索取的东西，而非现实本身。故事相当于现实的某种概括，一种可理解的样本。同一个现实可以有千百种理解与叙述方式，它们形成千百个故事。写作者要把一个故事交给读者，这一任务艰巨而繁重。写作者必须替读者省略掉不必要的风景，竭尽全力为他们提供最精彩的故事版本。

全面、准确、深刻地理解一个村镇、一个家庭、一个人，需要一定的知识储备和方法。写作者所观察的那个村镇、家庭和个体，也许恰好代表着某个时代重要的缩影。缺乏知识储备的写作者，也许会轻易将它们放掉，或者力有不逮，眼睁睁看着它们消失。知识背景决定了一个写作者挑选什么作为自己的写作对象，又以何种方式观察、介

---

① 基德尔，托德. 非虚构的艺术. 黄红宇，译. 上海：上海译文出版社，2020：1.
② 张爱玲. 谈看书//重访边城. 北京：北京十月文艺出版社，2012：60.

入与分析对象。从这种层面来说，非虚构写作不只是文体，更像是一套方法论。非虚构写作的相关技巧也许可以教授，但关于非虚构写作知识的储备与养成是写作者自身沉淀的结果。它们在很大程度上无法教授。在这里，我们只能简略提供一份有利于非虚构写作的知识清单，它们也许会潜移默化地影响写作。这份清单可以无限延长，因为任何学科知识都可能在写作中派上用场。比如，如果写作者熟悉经济学，也许便能比别人更有效地理解那些金融数据的含义，从而提出独到的问题并加以分析；对于有心理学背景的写作者而言，受访者心理的跌宕起伏也许更容易被他把握，从而及时有效地调整自己的采访方案。因此，对于非虚构写作而言，它也许比小说更迫切地需要它的写作者成为一个"杂家"或者"通才"。

· 人类学

至少从 20 世纪初期起，人类学家们便开始采取更深入的方式来研究自己所要研究的对象。他们通常会花费一年甚至更长的时间，与自己的研究对象生活在一起，通过参与观察的方式，获得研究对象的一手资料。这样的工作方式，往往会给予研究者多重观察的视角。没有人比亲身经验这种工作的人更能体验到这种两难境地：一方面，研究者需要亲身参与其中，竭力理解与己身相异的文化经验，并与之相适应；另一方面，人类学的田野工作同时要求研究者从中脱离，以超然于外的眼光观察、分析这些差异，提供相应的解释。研究者们通常会经历某种文化震撼，那些习以为常的经验、习惯不再是理所当然，在人类学目光的注视下，一切如新。人类文化细微的不同，背后都有可能蕴含着重大而不为人知的缘由。

人类学的知识与训练有助于提高非虚构写作者敏锐的感受力。如今，人类学中的田野工作方式，常常被非虚构写作者所采用；人类学喜欢研究少数民族、文化间的差异，而非虚构写作同样关注不为人知的领域与生活，比如一些亚文化领域，外卖员、城中村、吸毒者等等。越来越多的非虚构写作者亲身投入对象的生活之中，并不断延长参与观察的时间。这远远超过新闻业沉浸式报道所能"容忍"的时间。然而，这能带来更为严谨、准确、丰富的调查结果。一部好的非虚构作品堪比成功的人类学研究著作。它们具有相似的价值。

- **历史学**

如果说人类学知识可以令非虚构写作者获取第一手资料，那么历史研究则像是一种后退。历史学是一种关于"痕迹"的学科，它所研究的对象大多是已经消散的事物。当我们试图理解并还原过去时，我们只能从往事留下的印痕入手。因此大多数时候，历史学所要面对和处理的，并非活生生的个体和事件，而是文献资料。"文献是无可替代的。没有文献就没有历史。"[①] 对于非虚构写作来说，文献资料的研究也极其重要。如果写作的对象是一段尘封的往事或者一位故人，那么我们只能尽力像历史学家那样工作和推演，为向真实靠得更近一些做出努力。因此，非虚构写作也应当掌握相关历史研究的方法，写作者应如朗格诺瓦和瑟诺博司所认为的，同历史学家们一样，掌握点必要的初阶知识。"我们认为未来的历史学家应该掌握初阶知识。如果未来的历史学家忽视了初阶知识，那么他将不知所措或者不断犯错。未来的历史学家应掌握关于文献的书写及语言的完备知识，并且注意到前人的研究成果和文本批判所获得的种种结论，我们觉得只有这样才能确保他不犯下那数不胜数的错误。"[②] 实际上，非虚构写作也确实常受到历史研究的影响。近年来，一批历史学家如王笛、罗新、李硕等人的研究和写作构成了非虚构写作的重要部分，同时也提供了一些方法论。

- **文学与新闻学**

如果说非虚构写作是一种跨越文体的写作，那么有两种写作方式

---

① 朗格诺瓦，瑟诺博司. 史学原论. 余伟，译. 郑州：大象出版社，2010：3.
② 同①25.

构成了其骨骼。正如上文所提及的,作为非虚构写作的"发源地",文学写作和新闻写作实际上主宰了非虚构写作的风格。即使在历史学家、人类学家那些可以被看作非虚构作品的学术著作中,我们也不难发现文学与新闻学的影子,他们对于文学/新闻学叙事的借鉴,相当成功地引起了更广泛读者的关注。读者——正是因为与读者的连接——使得文学与新闻比其他类型的作品更强调叙事,因而它们所积淀的规则就是非虚构写作的重要资源。

文学能更好地教导非虚构写作者如何提炼与塑造人物、如何规划作品的结构、采用何种叙述方式。在文学从业者尤其那些专营小说的手艺人中流传几百年的叙事技巧,被悉数挪用于纪实领域。20世纪60年代,新新闻主义之所以崛起,很大一部分原因来自新闻业界改革了写作惯例,新闻不再只是干瘪的概述性陈述,而是借鉴小说的方式,依靠不断变换的场景推动叙事,塑造有个性的人物,等等。这些改革一度引发了小说内部巨大的危机,仿佛虚构的优势从此荡然无存。如今,精彩的特稿写作的可读性早已不输于小说。

虽然很多时候文学与新闻共享了有关叙事的技巧,但二者之间仍有差别。除了事关真实性的问题,我们仍能从新闻的叙事腔调中察觉到那种刻意保持的客观、冷峻,这一点不同于虚构作者更为自由、多元的风格。非虚构写作从某种程度上说,沿袭了新闻写作的这种腔调,以此作为区别于虚构、建立自身有关真实权威的某种"宣言"。比如,我们经常在非虚构写作中看到以第三人称为叙述视角的作品,即使作者本人与写作对象的关系相当亲密,作者也要刻意与之保持距离,仿佛这样的写作口吻更值得读者信赖。"非虚构写作的乐趣正在于探寻叙事和报道之间的平衡,找到办法,既爱说话又爱观察。"[1]

---

[1] 海斯勒. 奇石:来自东西方的报道. 李雪顺,译. 上海:上海译文出版社,2014:前言7.

1.2 资料

一个非虚构写作者总有几个感兴趣的领域。他的写作通常与自身的兴趣点相互关联：有人关注边缘群体，有人擅长书写名利场，有人热衷于环保题材，有人则对社会罪案兴趣盎然。写作者热衷的领域将指引他们平时密切关注该领域的相关动态、报道和材料。非虚构写作相当多的时候不是新闻，它并不一定担负报道社会新近事物的义务。它更像是一名耐心的捕手，等到浪潮过后，力图展现事件背后更为完整的图景。

很多非虚构写作念头的萌发，来源于一段简单的新闻概述、一则政府报告甚至仅仅是一些数据。《南方人物周刊》资深非虚构写作者卫毅曾写过一篇环保题材的报道，该报道的灵感来自某环保局的一则水污染数据报告。实际上，这类数据对于大多数非虚构写作者而言不堪大用，顶多诞生一则豆腐块新闻。新闻将按照以下制式炮制：罗列相关数据、发出危机警报、提请有关单位或部门以及大众注意污染事宜。再严谨一些的作者，也只会比照今年与往年数据的异同，虽算不上陈词滥调，但也无法令这样的数据发挥更大的新闻价值。卫毅对待资料的做法与上述不同，他的敏锐使得他在该数据报告中发现了南宁的一条江污染指数呈逐年上升的趋势。这引发了他对这条江的兴趣：它如今怎样了？带着这样的疑问，他开始设想对于这条江最了解的人，并将目标锁定在这条江上的人家——他们是最了解这些年这条江究竟发生了什么的人，而随着江水的变化，他们自身的生活也注定发生了改变。带着诸如此类的猜测与好奇，卫毅走访了这条江上的人家。故事由此诞生。这些水上人家从前靠打鱼为生，一直期盼江水保持洁净，打到更多的鱼。然而事与愿违，随着水污染的加剧，他们能够捕捞上来的鱼的数量逐年下降，这严重影响了他们的生计。他们对这一愈来愈恶劣的环境原本怨声载道、叫苦不迭，但很快发现了另一条生财之道。由于水质下降，出水口处壅塞大量淤泥，而淤泥中盛产红虫，这正是养鱼爱好者经常在市场上购买的鱼虫。这类鱼虫市场收购价格很高，他们发现商机，转而开始靠打捞这种红虫谋生，其每年的经济收益甚至不比捕鱼的时期差。结果是，人们从一开始抱怨江水污染，到后来反倒希望水质越来越差。因为只有水质变差，才会有更多淤泥、更多红虫，他们才能以此获得更高的经济收益。由此，这则有起伏、反转、细节，并且暗含某种反讽意味的非虚构作品得以诞生。从一则简单的数据到一部精彩的非虚构作品，很多优秀的非虚构写作诞生于偶然与微末之处。非虚构写作者看待资料的目光与联想能力，在很大程度上决定了他能否成为一名优秀的写作者。

当然，非虚构写作者远不能只阅读自己感兴趣的东西。大量泛读永远是必需的。上述卫毅的例子告诉我们联想的重要，但不是所有非虚构写作者都能够在自己关注的领域内发现具有内在关联的事物与故事。有时候，毫不相关领域的资料也可能产生一些意想不到的因果链条。因此，在资料和主题的选择上，非虚构写作者应该尽量放宽对自己的限制，将目光向外扩展。他们所需要的读物的数量，也许将水涨船高，包括行业内新闻、政府报告、学术期刊、企业内部刊物，以及搭载在新媒介上所产生的各种各样的碎片化信息。这些读物看起来相当枯燥，但是它们所能够提供的信息绝非那些已经经过个体审查、筛检过后的二手报道所能比。试着将自己阅读过的资料分类归档，形成自己的资料库，我们日后的写作将从此处获益。

那些想要从事非虚构历史写作的写作者更加依靠资料行事，因为大多数时候他们已经无法找到一个活着的采访对象。作家阿来在撰写《瞻对》——一部描述清代康巴地区的小县城瞻对与清帝国对抗两百年的非虚构作品时，遇到了前所未有的困难。这一书写困难近似于学者的困难，而不是一个作家的。"更多的时候我觉得自己不是像一个作家在工作，而是像一个学者在工作，第一是要知道在哪个地方去找到材料；第二，拿到材料之后怎么运用，有时同时拿到好几种说法不一的材料，学者们的观点也莫衷一是时，更需要自己做出客观的判断。"① 这就要求非虚构写作者如同历史学家一样更为严肃地对待资料。撰写历史相关作品的写作者当然会面临许多挑战和限制，但好在如今的数字资源让资料更为易得。建立自己有效搜索、查阅的数据库，对于志在历史写作的写作者来说迫在眉睫。他们所需要掌握的资料，除了信件、日记，还有地图、遗嘱、合同……这些内容都可能成为写作者的原始资料。这里需要提示的是原始资料的重要性。吉尔·莱波雷教授一再提醒我们："当我开始研究任何历史话题时，我首先倾向于查阅原始档案。第二个念头是看看在这个话题上历史学家都写了什么。我很少用从前的报纸，它们不是关于实际信息的可靠资料。它们的价值在于报道人们对于一个事件的理解，而不是对事实本身的描述。"②

1.3 选题

经过大量资料的筛选与淘汰，写作者将会收获一些选题的方向。这些方向尚不够明晰，可能只是一个事件、一个群体或者一种现象。他们对于这些方向兴致勃勃，同时感到无从下手。正如前文所述，一个事件有千百种理解途径，不同的途径对应着不同的视角、不同的采访对象，并牵扯着他们背后不同的人生。还是以卫毅那篇环保题材的报道为例，如果他采访的不是原先在江上打鱼的渔民，而是江岸附近的鱼贩，就将成就一篇完全不同的故事。虽然鱼贩的故事可能没有水上人家的故事精彩，但这不意味着它们不可以被讲述出来。

非虚构写作选题的确定，通常取决于两个方面：一个是写作者的兴趣点，另一个是对受众期待的考量。优秀的非虚构写作者能够在二

---

① 作家阿来谈新书《瞻对》创作：像学者而不是作家一样工作．（2016-01-13）[2025-05-04]. http://www.chinawriter.com.cn/2014/2014-01-13/188443.html.
② 克雷默，考尔．哈佛非虚构写作课：怎样讲好一个故事．王宇光，等译．北京：中国文史出版社，2015：124.

者之间找到微妙的平衡,既能够保证写作以自己的好奇心与兴趣点为内在驱动,又能够满足大部分受众的期许。大多数时候,专业的非虚构编辑可能会将情感的天平偏向于大众一方,从而在一定程度上令写作者放弃自己的兴趣,因为非虚构写作与小说、新闻一样,都担负着某种赢得读者的需要。一个必然的结果是,非虚构写作同样面临巨大的竞争。吸引眼球的大事件并不多见,如何摆脱千篇一律、同质化的讲述,永远是写作者需要关注的事情。

  经验丰富的非虚构写作者能够早早洞察事件,并制造独一无二的选题。《冰点周刊》曾经做过一篇名为《拐点》的报道。虽然如今看起来,这样的选题方式似乎有主题先行的嫌疑,但必须承认的是,该选题是精准、独到的。这篇报道的背景是当年西安的"保钓"事件,万名群众涌上街头,甚至发生了打砸日系车和商店的行为。当时的媒体都聚焦于揭露种种意外的暴行,而《冰点周刊》则关注到微博上被大量转发的一张照片——该微博当日便转发过万。照片里,一名男子正站在路边,手持纸壳牌子,上面写着几个大字:"前方砸车,日系调头。"《冰点周刊》编辑部立刻让驻扎在西安的记者安排采访事宜。之所以要提及这个例子,是为了告诉大家,实际上,编辑部拟定"拐点"为题,远远先于看到这张照片。也就是说,在"保钓"事件发生时,编辑部已经定好了这个题目,只不过这张照片恰好符合了编辑部的立意。"其实当时在'保钓'事件当中有很多的报道,但是我们已经想好了我们要去做什么,我们要去做的就是一个'拐点'……因为编辑部已经想得很清楚,它是一个现实的拐点,是车的拐点;也可能是他这个人一开始激情澎湃地去上街、去游行,到最后他举起这个牌子,他内心的一个拐点;然后也是整个民族的拐点,老百姓从一种狂热,到理性思考的转折……"[①] 这一明确的选题定位,高效指导了编

[①] 周逵. 非虚构:时代记录者与叙事精神. 北京:清华大学出版社,2016:5.

辑与记者们的后续工作。在面对突发热点事件时，写作者的时间是如此宝贵，相关报道的竞争又如此激烈。该选题早早为编辑部的成员们设置了"路标"，提示他们应该关注什么，可以放掉或忽略什么，以至于举牌男子甫一出现，便立刻被编辑部锁定。并且，这一选题与男子举牌子的行为之间是相吻合的，并不是生硬捏造。

不是所有选题都能够像《冰点周刊》编辑部那样预先就确定下来——这几乎相当于一种"预判"。好在非虚构写作通常是慢功夫，并不总是需要像新闻那样抢得先机。当然，我们要学习《冰点周刊》编辑部的宗旨——**找到另辟蹊径并且具有可行性的选题**，才能让我们的非虚构作品有脱颖而出的机会，尤其当我们的写作对象是公众普遍关注的事件和人物时。这需要写作者具备一定的逆向思维、反其道而行之的能力。这里还有另外一个例子，它来自著名的非虚构写作者盖伊·塔利斯。1999 年，美国玫瑰碗体育场有九万人观看了一场女足世界杯决赛，对阵双方是东道主美国队与中国队。在这场世纪之战中，双方零比零战平，后来被拖入点球大战。中国女足姑娘刘英没能将她主罚的点球踢进美国队的大门，因为这个失误，中国队以 4 比 5 落败。当所有人都在为美国女足欢呼时，盖伊心里却想着刘英。"如果我是一个体育记者，那么那天我出现的位置，就会是这位中国女性的更衣室……"①盖伊表示。他以为《纽约时报》明天就会给出关于刘英的相关报道。但第二天，报纸上没有他期待的消息，甚至《新闻周刊》《时代》杂志也没有。所有报道聚焦的都仅仅是美国队的胜利和中国队罚丢了点球。盖伊感兴趣于刘英罚丢点球后的境遇，如果能够采访刘英，"她会告诉你中国那边对此是怎么反应的，她的邻居是怎么说她的，她的母亲会怎么来面对这一切。女足世界杯可是面向全世界转播的，而她又没踢进。她们会怎么面对她们的这次失利？这些女

---

① 克雷默，考尔．哈佛非虚构写作课：怎样讲好一个故事．王宇光，等译．北京：中国文史出版社，2015：11.

性，可是中国成为世界性大国这个伟大成就中的一个部分。她可能有一个曾曾祖母还是缠足的呢。她是在用足球来代表一个新中国，但是她却没踢进那个该死的球，那她现在能代表的，可就只是某种失望了"①。最终，他亲自飞到北京，花费五个月的时间采访到了刘英，进而诞生了一篇独一无二的非虚构作品。那个"失败"的姑娘最终以另一种方式被人们铭记。人们分享了她背后的痛苦，并与她一同学着如何与之对抗。

当然也会有一种情况，我们所热衷的选题已经被报道过无数次，很难再找到标新立异之处，但我们仍放不下它。如果是这样，有几个技巧也许可以试试。**一是放大。**当人们已经清楚某一事件的前因后果，这一事件作为一个整体被人们记住时，我们可以选择事件中的某一个人物作为写作对象。如此一来，整个事件将仅仅是我们笔下主人公的背景而已，这个背景中将生发新的故事。**二是回顾与设想。**这意味着我们将在时间上做文章。当下发生的事情，是如何从过去一步步发展到今天的？今天发生的事件，将为未来埋下怎样的结果，造成何种影响？如果现在发生的故事已经被说尽，那么就试着从过去与未来中发现故事。**三是联想。**一个事件，往往可以被包含在更大的事件之中，或者与其他事件形成关系网，这种写作将会使我们所感兴趣的话题被置于更大的背景中，从而有产生新故事的可能。

---

① 克雷默，考尔. 哈佛非虚构写作课：怎样讲好一个故事. 王宇光，等译. 北京：中国文史出版社，2015：12.

第二节　素材收集

当一个非虚构写作者已经完成了一定程度的知识积累，查阅了相关资料，心中的选题方向有了大致轮廓之时，前期的准备工作便已完成。接下来需要做的，是围绕选题进行相关素材的收集整理。在收纳素材的过程中，写作者会慢慢梳理出一条更明晰的线索，这有助于我们最终形成自己的非虚构作品的主题。

作家辛西娅·戈尼将作品从设想到完成的过程，看作向"漏斗"里投掷东西。我们的大致选题就像是一个"漏斗"，我们向里面投掷各种各样的想法、采访片段、人物小传、背景资料——也就是我们的素材。它们并不总能恰好被扔进去。有些素材"尺寸"太大，不能顺着"漏斗"倾泻到下面的瓶子里，我们只好遗憾地将它们拿开。而那些能够被塞进"漏斗"，沉淀在瓶底的东西，将成为对我们的非虚构作品有用的素材，它们会以各种各样可能的方式组合在一起，成为我们作品的一部分。当然，我们设置的这个"漏斗"，也许会随着素材的累积以及时间的推移变得越来越精密，收口越来越小，最终只有那些真正有价值的东西会留下来。但我们先不管这些，现下需要做的，**就是对着"漏斗"做投掷动作**。

非虚构写作者收集素材，有一种方式依然是此前所说的大量泛读、精读相关资料、讯息，但更重要的是另外两种方式。对于以己之身介入书写的作者，比如非虚构游记作者或自传性作品作者而言，他们需要将自我的体验转化成书写的主要对象，一切都围绕他们的自我和自我的观察展开。而对于那些试图还原某些事件，或者想要书写他者的人来说，他们实际上需要将自我装扮成一台可移动的"人肉"摄像机，忠实而客观地提问和记录。对于他们而言，收集素材的主要方式是大量采访。当然，像何伟这样的作者，实际上介于这两者之间，他对于中国近乎白描式的记录，虽是一种较为客观的呈现，但我们又何尝不能认为它们是独属于他的"自传"？因而也会有许多时候，非虚构写作者需要将这二者结合起来完成自己的作品，而不是单独为之。

2.1 体验

体验是非虚构写作惯常的素材收集方式之一。这种观察视角有助于形成更为切身的感受，并有效地传达给读者。这类非虚构写作的对象，实际上是自我和自我的经验。但非虚构写作的风格和要求，不能完全等同于散文形式的自我书写，如果大量比较以"我"为主人公的散文和以"我"为主人公的非虚构写作，会发现这两者之间的一些细微差别。**如果一定要做出某种明确的区分的话，那么散文形式也许更偏向内在的我，而非虚构写作中的"我"是向外敞开的，**"我"实际上是一个显在的体验者，一个兼顾内在与外在风景的人，一个更像是在做民族志研究，却不那么讲究学术术语的人类学家。

当代非虚构写作与20世纪60年代美国流行的新新闻主义写作在叙述者"我"上有差异。这种差异也许能够更好地解释非虚构写作中"我"的体验所呈现的特殊之处。"泰德·康诺弗和特雷西·基德尔所使用的第一人称视角完全不同于以自我为中心的视角。后者深刻地影响了新新闻主义。而正是这种具有突破性意义的新闻报道改变了20世纪六七十年代美国非虚构文学的风貌。新新闻主义记者，如亨特·汤普森和汤姆·沃尔夫，在素材中带入了极端的个人视角，以其狂野而特异的风格给作品注入了活力，他们在故事中描写的好像是他们自己而不是采访对象。尽管康诺弗的《新看守》讲述的是他自己的故事，但他的视角是向外的，着眼于发生在他周围的事件。他作为第一人称在作品中并不引人注目，不似新新闻主义对作者的强烈关注。与亨特·汤普森的《拉斯维加斯的恐惧与厌恶》不同，康诺弗是在讲述自己的故事，但不会让故事专属于自己。大卫·西蒙说过现代叙事新闻绝不能与早期的'新新闻主义'作品混为一谈。在'新新闻主义'的创作理念中,作者的想法、观念、幻想、空谈与客观现实同等重要。叙事新闻恰恰相反,它当然也需要一位优秀作者在作品中带入自己的风格及运用夸张手法,但它反对作者天马行空的幻想。相反,这些幻想应该由那些生活在真实事件中的人们提供。"[1] 也就是说,虽然非虚构写作是由作者"我"主观陈述给大众的,但"我"的目光并不主要聚焦于"我"自身,而是聚焦于"我"周围的事件、人物和环境,并在审视时尽力保持某种客观公正。

上文中提到康诺弗的非虚构作品《新看守》是一个关于"体验"的极端例子。20世纪90年代的美国曾有一段时间大量兴建监狱,许多地区希望依靠这种方式拉动地方经济,康诺弗注意到了这一许多人并不在意的现象。他通过官方渠道试图申请跟踪采访一名狱警,但这项申请遭到拒绝。不得已之下,康诺弗决定亲自应聘狱警的工作,并顺利在美国辛辛监狱入职。从1997年3月到1998年1月,康诺弗一直在该监狱工作。他在此期间告别了写作者的身份,全身心投入新职业,完全依靠狱警的收入生活。为此他患上了严重的头痛,并因为监狱发生的诸多可怕事件而郁郁寡欢。在这近一年的时间里,他只字未写报道,只在笔记本上做记录。这次体验,使得他将参与与观察两项工作完美融合,并呈现在作品中。当非虚构写作的体验不是走马观花式的经历,而是一种深度参与的时候,作品就会呈现出完全不同的质地。因为这一切都是我们亲见与感受到的,它们在生活中与我们耳鬓厮磨,成为我们人生乃至人格的一部分,这样得来的体验和信息,非观光客或者仅仅依靠信源所获得的二手资料所能比。《人民文学》杂志所倡导的非虚构写作,着眼于行动和在场,实际上也在召唤一种类似康诺弗的写作,并由此诞生了梁鸿的"梁庄三部曲"、李娟的《我

---

[1] 哈特. 故事技巧:叙事性非虚构文学写作指南. 叶青,曾轶峰,译. 北京:中国人民大学出版社,2012:43.

的阿勒泰》这些优秀的非虚构作品。行动意味着参与，在场意味着观察，二者的结合成为自我体验式非虚构写作最重要的部分。这不仅有利于呈现我们周遭的环境，也有利于传达我们真实的内心感受。"最主要的是，我想要传达住在北京胡同时，或者在中国的道路开车时，或者搬到科罗拉多州一座小镇时，我的真实感觉是什么。"①

以自我体验为中心的非虚构写作，还有一种近似于自传或回忆录的方式，比如普里莫·莱维的《这是不是个人》《再度觉醒》，或者米歇尔·莱里斯的《成人之年》之类的作品。莱维凭借客观、精准的体验和用词，将自己身处奥斯维辛时的遭遇，以及复归正常生活后艰难的适应过程传达给读者。这种自传式的写作方式，需要尽力与读者达成一种"契约"。比如当作者回忆起若干年前的一个场景，当时的天气、空气湿度、与什么人在一起、有什么谈话、每场谈话准确的内容是什么，如何在多年后能够精准地一一复现？回忆性非虚构写作应在技术层面上尽力避开这些会给读者带来不信任感的内容，或者对这些不确定性做出某种程度的说明或补偿——比如注明该处是引自当年的日记。莱里斯在自传性作品《成人之年》的开篇便与读者达成了这种信任契约。"这些事实和形象绝非出自我的想象，一句话，这是一种对小说的否定。拒绝任何刻意的安排，只以真正的事实为材料（也不像经典小说来源于看似真实的社会新闻），除了事实别无其他，这就是我所选择的写作法则。"② 这种解释能够在一定程度上帮助作者取得读者的信任。

也有一些声音质疑这种"客观自我"的合法性，认为这其实只是一种伪装或者拟真。我们在这里不探讨这些争议，任何文体都有其自身的缺陷，我们不能仅仅因为一些缺陷就因噎废食。对于小说家而言，现实主义作品需要他们拥有超高的"仿真"技巧，当他们笔下的

---

① 海斯勒. 奇石：来自东西方的报道. 李雪顺，译. 上海：上海译文出版社，2014：7.
② 莱里斯. 成人之年. 东门杨，译. 北京：生活·读书·新知三联书店，2018：11.

人物成为木匠、瓦匠、物理教师、清洁工、程序员或信贷人员时，小说家本人也要知悉这些职业的细枝末节。越是精到入微的细节，越能使读者产生信赖。小说的想象力便是建立在这种坚实的细节之上，没有诸如这些真实细节的质感，想象力无从谈起。对于读者而言，小说也许会被视为包含着些许亦真亦幻的造物，读者随时可以从中抽离——只要他们想这么做。但对于作家笔下的人物来说，小说中的世界关乎他们的生存。生存之实在，生存之残酷，从来都经不起虚幻。好的小说家被要求具备这样的道德感：他们要为笔下的人物负责，人物不能承担他们"限度"之外的任务或人生。而对于非虚构写作者而言，这是更重要的道德，这一道德律令要求的甚至比小说家们更多。因为他们面对的是活生生的人，是真实的世界与生活本身。非虚构写作者需要时刻牢记这一点。

2.2 采访

围绕选题做大量资料收集与调查之后，非虚构写作者接下来需要思考的，是通过谁更深入地了解所要写作的事件或人。他们要暂且确定或推理出一份名单，这份名单不仅包括事件的主人公，还有能够与该选题产生关联的所有能够想到的人。记者乔恩·克拉考尔曾说："我会跟我所读到或听说与这个故事有任何关联的每一个人联络。我已经明白，找出每一个潜在的采访对象几乎总是划算的。"①

同新闻写作一样，非虚构写作少不了与人打交道，采访是获取写作对象一手资料的最重要方式。为了深入了解某个人、某个团体或者某一事件，写作者非穷尽相关联络人之极限不可。信源越多，意味着得到的信息、故事或者结论越可靠。"所以我们的稿子有一个硬性的

---

① 博因顿. 新新闻主义：美国顶尖非虚构作家写作技巧访谈录. 刘蒙之，译. 北京：北京师范大学出版社，2018：144.

规定：如果这稿子 8 000 字，文章一定要出现至少 8 个信源；如果 12 000 字，你要出现 12 个信源。这不是说我采访 12 个人就行了，我们往往采访的人数更多，但是最后稿子里必须出现至少 12 个人，否则你这个稿子就不能发表。"① 一位资深媒体人表示。

并非所有受访者都能提供我们想要的信息。有时候采访者经过漫长的苦熬，最终获取的有用信息却少得可怜。这当然也是值得的。但为了尽量经济而高效地收集信息，我们有时候需要提前评估那些受访者的价值。《华尔街日报》编辑部有一条对记者有用的建议，他们认为可以更多依靠"中间人"提供信息。这给了我们一定的启发。实际上，非虚构写作者的采访对象，需要的正是这样的中间人。

所谓"中间人"，指的是那些"不在顶端决策层，但却对政策十分了解；也不在基层，但却对下面发生的一切了如指掌"的人。之所以选择中间人作为受访者或线人，同样是因为"经济"缘故——中间人在提供信息方面往往更高效。"来自高层的信息源当然有用，但他们的身份往往限制了对他们的使用。不仅如此，他们地位太高，往往看不到下面发生的事情；他们工作太忙，脑袋里要装的事情太多，往往没有时间去理会某个不名一文的媒体记者；他们太在乎自己和所属机构的地位和形象，很难给出诚恳全面的意见。"与之相比，"中间人往往能够提供更多的细节，引导记者们去把故事写得栩栩如生。他们很少去怀疑别人，而且，如果有人对他们的工作感兴趣，他们会觉得受宠若惊"②。对于非虚构写作者而言，中间人像一根好拐杖，他们总能帮助写作者串联并理解上下、里外等各种

---

① 周逵. 非虚构：时代记录者与叙事精神. 北京：清华大学出版社，2016：117-118.
② 布隆代尔.《华尔街日报》是如何讲故事的. 徐扬，译. 北京：华夏出版社，2006：4.

各样的关系。我们在一些优秀的非虚构作品中都能看到承担类似角色的人物，他们既是绝佳的受访者，又是能源源不断提供信息的信息提供者。

除此之外，对于受访者的选择也要看具体事件和采访情景。有时候，受访者的性别也可能成为影响信息收集效率的因素。很多非虚构写作者倾向于找更多女性接受采访。一个有趣的例子是，一位特稿作者曾受邀做一篇关于某位足球明星的特稿，在选定主题之后，他决定在特稿中提及一个足球颁奖礼后，球星和其他足球运动员在典礼派对的场景。他安排了几个参加派对的足球运动员接受访问，让他们谈谈那时候发生了什么。然而这些足球运动员们只能回忆起一些零星的事件和情绪，对派对细节几乎一无所知。好在出席那场宴会的还有足球运动员的妻子。在那些妻子们口中，写作者得知了更多想要的信息，比如：派对餐桌上有哪些菜，什么菜比较好吃，某人当天穿了什么衣服，哪些人之间发生了口角，谁最后醉酒失控……这提醒我们，采访女性而不是男性有时候会是一个不错的选择，她们对种种细节的敏锐度比男性更高。

同尽可能多地采访事件相关人一样，在采访前，非虚构写作者也应多预备问题，以备不时之需。问题越细致，得到的内情和细节便会越充分。"如果我写一篇大特稿，采访笔记不到 80 页，我几乎是不敢动笔的。所以我做编辑，有新记者第一次出门采访，我几乎是要列 50 到 100 个问题的。拍纪录片，现在的技术能够做到让墙面上布满像苍蝇一样的摄像头，可是用文字去做画面感的时候，你的问题就是你的摄像头。"[①] 这一点尤其适用于名人类的非虚构写作，因为采访的机会往往只有一次。没有多少写作者如盖伊·塔利斯采访辛纳屈，或者卡波特采访伊丽莎白·泰勒那样拥有数次机会，并且能够在多种场景下

---

① 周逵. 非虚构：时代记录者与叙事精神. 北京：清华大学出版社，2016：14.

见证两位社会名流的不同侧面与状态。每换一次场景就意味着诞生了一个新的故事。**机会只有一次的场景，故事也只有一个**，这个故事的场景往往呆板、生硬、细节稀少，写作者唯一能够弥补的，就是尽量延长采访时间，多与之交流并加以观察。为此，许多写作者需要先进行外围采访，比如与受访者的家人、朋友、同事、邻居交谈，以获得相比其他记者更有趣、更生动的信息。这些信息也许会让受访者眼前一亮，当他们知道你跟那些提问千篇一律的采访者不同时，他们会对你说更多的东西。当然，外围采访也可以放在主采访之后，当写作者意识到采访获取的信息不足，然而已没有机会同受访者再会面时，那么进行一轮外围采访将会挽救写作者的作品。

  采访还涉及许多具体技巧，比如：提问要尽量目标明确，不要分散；采访时多拍摄照片，因为照片会留存更多采访现场的细节，这些细节有可能成为作品的组成部分；采访之初提问受访者感兴趣的话题，将那些锐利而有争议性的提问留在采访快要结束时；等等。但其中最重要的技巧大概是，**永远尽可能多地与受访者交谈**，哪怕只比写作者原本计划的再多一次。资深非虚构写作者赵涵漠曾经在一篇文章中转述李海鹏的话："真正的采访是从第三次开始的。"[①] 赵涵漠因撰写《地下室里的沈文裕》而对这句话深有体会。沈文裕是一位音乐天赋不输郎朗的天才，他 11 岁出国留学，19 岁时却肄业回国，此后他每天只在一个联排别墅的地下室练琴，接一些三线城市琴行的商演维持生活。赵涵漠原本将这篇稿子的主题定为为什么郎朗成功了，而沈文裕却没有。她试图通过这篇稿子解释上面的提问：事情再简单不过，父母过分溺爱孩子，导致孩子长大后无法独立。然而事实是否真的如此？经过长达六个月不间断的采访，赵涵漠得出了与此前完全不同的结论。实际上，沈文裕的现状是他与其父、其母三方达成的某种

---

① 周逵. 非虚构：时代记录者与叙事精神. 北京：清华大学出版社，2016：121.

情感与利益的平衡，三人之间存在着强烈的情感羁绊，绝非父母溺爱孩子、孩子不能自理所能完全解释清楚。这一内情，除非写作者不断抱有审慎、求真的态度，否则极有可能被掩埋，成为一个永远的误会。

第三节　行文逻辑

"在生活故事的漫流中，作家必须做出选择。"① 罗伯特·麦基告诉我们，这其中也包括非虚构写作者。当素材积累的阶段已经完成，写作者们开始进入书写状态，他们将面临一项重要的选择：如何对辛苦收集而来的素材进行取舍，并架构出一个完整作品的样子？必须承认，这是相当煎熬又无比重要的时刻。

许多非虚构写作将经历类似于作家约翰·麦克菲的困境。"后门外，那棵高大的白蜡树下，摆着一张餐桌。1966 年夏末，在这张餐桌上，我躺了将近两个星期；我在凝望那片枝枝叶叶的同时，也在跟害怕和恐慌做斗争，因为我始终想不出来，给《纽约客》写的那篇文章，该从哪里，或者如何下手……"② 这种困境也许会在多个写作阶段上演：从确定文章写作范围、构思结构、取舍素材，到写作具体过程中面对的每一章节、每一小节甚至每一个段落。六神无主的时刻如鬼魅不期而至，但解决的办法总会有，重要的是找到行文的逻辑，并始终确保按照设置的逻辑行事。如此，我们的写作将会顺利许多。

行文逻辑包括以下几个部分：设置写作内容的范围，它像是为你的写作绘制一张边界图，标记出你的活动区间，越过区间将损害你行文的完整，导致写作中途离题；作品的构思，相当于背包里的指南针，它确保写作者在写作的时候不致迷路；剪裁，它将成为我们最终绘制的地形图，为写作规划出一条优美的路线，兼具意义与风格，决定了作品将以什么面目被呈递在读者面前。

---

① 麦基. 故事：材质、结构、风格和银幕剧作的原理. 周铁东，译. 天津：天津人民出版社，2016：28.
② 麦克菲. 写作这门手艺. 李雪顺，译. 长沙：湖南文艺出版社，2018：17.

3.1 范围

非虚构写作的初学者有时会犯一些错误，比如将内容含量较小的作品变得格外冗长，或者让本该复杂的事件三言两语间便被叙述完毕。究其原因，在于写作者还不懂得为他们的作品设置合理的范围。如上文所说，范围是作品的边界，它确保你的作品只在规定的边界内活动。当写作思路过于狭隘时，它会提示你边界还很远，需要向外扩张；而当你的思路过于开阔时，边界将会提醒你注意收缩。

所谓写作的范围，与写作者的素材积累、篇幅限制、主题均有关系，是写作者综合考量的结果。有时，写作者只为读者设置一个或者固定的几个事件或主人公，这让写作者创作的内容显得更为集中；有时则恰恰相反，写作者会以辐射的方式呈现作品，它可能涉及多个人、多个事件或者多种维度，使传达的内容更为复杂。

集中式的写作范围将读者的目光聚焦于少数几个对象。读者将有机会深入他们的生活，他们的一言一行、一举一动都被尽收眼底。设置这种写作范围，通常需要写作者长期对其进行研究和采访，这极其考验写作者观察细节的能力，写作者要像拿着放大镜那样追踪他者的生活。写作者要探讨的主题可以通过笔下人物所遇到的问题、受到的磨难或者经受的某种处境展现出来。就结构而言，集中的写作范围相对于辐射性的范围要更简单一些。因为人物是固定的，有时按照事件的时间顺序排布，就能够完成作品。以奥斯卡·刘易斯的人类学非虚构作品《桑切斯的孩子们》为例，作者以一个墨西哥家庭中的三个孩子为中心，以第一人称口述的方式依次记录下孩子们的言谈。从 1956 年起，连续三年，刘易斯都会对孩子们进行回访。作为人类学学者，刘易斯对贫困文化了解至深，探访这个墨西哥家庭，也旨在探讨世界范围内，贫穷及其所带来的种种后果所拥有的文化共性。他用大量人类学方法进行采访，问题深入浅出，因此三个孩子的口述具有很强的史料和学术价值。作者将这部作品分为三个部分，分别代表着1957年、1958年和1959年。在每一部分下面是三个孩子各自的口述实录。所以从结构上看，这种重复型结构显得单薄了一些。这么说并不是苛责作者对于结构的随意，而是意在表达，这种较为聚焦的范围能够让作者更轻松地处理结构问题。

辐射式的写作范围意味着写作对象更多，涉及的层面和领域更广，写作者有充分的余地伸展腾挪，不断变换自己观察的对象、角度和场域。它既为作品提供了极大的丰富性，同时又拓展了文章的结构，因为这种写作通常涉及较多不同的经验或者多个议题，如何让各个部分融合为一个统一体，十分考验写作者结构的功力。梁鸿的非虚构作品"梁庄三部曲"可以被看作辐射式范围写作的典型。虽然这三部非虚构作品均是围绕梁庄展开的，但每一部都是群像式的写作，并不仅仅追踪某一户人家或个人。从《中国在梁庄》《出梁庄记》到《梁庄十年》，我们能明显看到作者对于写作范围所做出的调整。《中国在梁庄》聚焦乡村内部真实的生活、困难和处境，虽然被统一于关于乡村书写的话语之下，但实际上描述的是多个层面的议题。到了《出梁庄记》和《梁庄十年》，这种芜杂的议题减少，我们看到了作者如何以更窄的束口、更有概括力的主题来统摄作品。比如《出梁庄记》虽然仍是群像式写作，但它的主题是外出打工的梁庄人，《梁庄十年》更是将范围限定在女性上，这使得作品虽然是辐射式的，但又显得紧凑、集中。

对非虚构写作的初学者而言，以上两种方式都具有一定的挑战性，尤其是当我们将作品的范围设定为辐射式时。初次尝试非虚构写作的人，也许可以将范围设定得更具体，比如写作的对象处在一天之内、一个地点之内。限定性的时间或地点，由于确定了一个变量，对于初学者而言更好把握。以保罗·索鲁的《开往西藏的列车》[1]为例，

---

[1] 索鲁. 开往西藏的列车. 陈媛媛，译. 北京：九州出版社，2020.

这样一部旅行类非虚构作品，其范围已然确定。它的时间是从上火车至到达拉萨的区间，地点则是从西宁、格尔木、安多、那曲、当雄、羊八井……到拉萨。这些都是固定的坐标，索鲁因此不需要费力构思文章各个部分之间的关系，只要按照时间顺序以及地点的变化来建构作品，就可以圆满完成写作任务。虽然这样看起来写作难度不大，但实际上，旅行类非虚构写作极考验作者的叙事能力，只要有一点乏味，读者就会中途溜走。《开往西藏的列车》写作的成功，是作者叙事的成功，也是作者选择性给予读者信息的成功。索鲁没有将旅途上的一切经历一股脑儿地丢给读者，而是在写作过程中有意识地以他遇到的各种各样的"问题"构成叙事的逻辑，正如电影《人在囧途》所展现的那样，主人公不停地在遭遇着什么。在列车上，索鲁先后遇到车厢拥挤脏乱、停水、停电、缺少食物、寒冷等问题，等到下了火车，乘车准备前往拉萨，又碰到缺乏经验的司机、谎称会说英文但其实一个英文单词也不认识的女翻译。接连的车祸、受伤、高原反应、恶劣的住宿环境、长途开车的疲惫等问题构成了索鲁西藏之旅的大部分。这是一次真实的"问题"之旅，也是一种"建构"，正是作者的"建构"，使得凌乱不堪的旅行被极富动态、环环相扣地展现了出来。因此，对于写作者而言，虽然确定了范围，但仍不能掉以轻心，因为接下来有更艰巨的任务：对行文进行构思。

3.2 构思

回到本节开头提到约翰·麦克菲的部分。始终不知文章从何下手的麦克菲，最后是如何令自己摆脱困境的？据麦克菲自己所说，他的脱困，是受到了中学时代曾教过他的英文教师的启发。这位名叫麦基的女士，在写作与阅读作业的分布比例上显得与众不同。她给学生们布置的写作作业是每星期交三篇文章。文章内容自定，唯一的要求是，每篇文章必须附上写作大纲。大纲可以是标识出阿拉伯数字、英文字母的简易版，也可以是用圆圈或方框勾画出的思维导图版。联想到英文教师的麦克菲，终于摆脱了六神无主的状态。此后，他花了半个晚上的时间，耐心对他所收集的材料逐一进行分类，确定出主题、时间等线索。于是困境迎刃而解。

麦克菲解决问题的关键，实际上关涉的是作品的构思与结构问题。一旦谋篇布局完成，结构浮现，那么写作只是向已经规定好的框架内填充材料。这成为麦克菲的写作法宝。此后他的非虚构写作均按照他的英文教师的方式执行。"他回忆道：'年轻的时候，我对如何处理信息感到无比困惑。如今有了结构设计，我感觉就像压在胸口的大石头被挪开了，顿时轻松了许多。'"① 非虚构写作者基德尔也表示："对我来说，能否找到一个想要讲的故事，与其说取决于努力和技巧，不如说往往取决于'构思之幸'。"②

在构思之初，非虚构写作者需要做的，是明确自己的主题。这里所指的主题，同我们惯常想象中的主题不太一样，它最好不仅仅是一些大而无当的名词，诸如爱、勇气、恶意、友谊、救赎、暴力……它们固然很好，但过于模糊，对写作者的谋篇布局用处不大。我们可以试着将主题设定为一句完整的话，这句话中包含具体的人物、事件以及动作。并且，这句话要尽量简单，不掺杂细节，只描述故事的骨架。当我们按照这种方法完成了我们的主题，并试着将它转述给他人时，如果他人立刻了解，或者大致了解了我们打算叙述的究竟是怎样一回事，那么我们的主题叙述就成功了一半。明确的主题将为叙事提供最主要的动力，剩下的就是围绕主题构思材料了。

非虚构写作的内容有时是短篇文章，有时却容载量巨大。内容复杂的非虚构写作，其主题构建好后，也许统摄力还不够强大，对于略

---

① 哈特. 故事技巧：叙事性非虚构文学写作指南. 叶青，曾铁峰，译. 北京：中国人民大学出版社，2012：18-19.
② 基德尔，托德. 非虚构的艺术. 黄红宇，译. 上海：上海译文出版社，2020：9.

微"偏远"的素材，不一定能够联系到。为了确保素材和主题结合得更为紧密，让文章的主题能够始终贯彻其中而不致若有若无，非虚构写作者最好能通过素材的整理，形成主题之下的一个个分主题。这些分主题能够将各个素材牢牢地绑定在主题之下，并最终连缀起来，将具有完整意义的主题故事和盘托出。因此，写作者接下来的工作，实际上是按照主题将素材再分类，形成一个个有逻辑、有起伏、有情节的分主题线索。

在设置分主题时，我们可以强调部分与部分之间的因果关系，或者以问题为导向谋划，即按"问题—解决"模式谋划结构。我们的人生是由一个接一个的问题组成的，这些问题令叙事成为可能。缺乏问题或者矛盾的叙事，很多时候不能够成为非虚构写作的主体。它可能导致行文涣散，令读者找寻不到阅读的意义。非虚构写作者可以针对所要写作的每一部分进行自我提问，以完成分主题的建构：在这一部分我们想要呈现的是事件的什么问题？这些问题是如何得到解决的？如果没能解决，它又为日后的什么事件留下了隐患？想清楚这些问题，构思便完成了，写作者可以动手开始写作了。

很多初学者会觉得，这样的提问方式让写作变得相当程式化。但有时候，好的写作确实是一台精密的仪器，它需要每个细小的齿轮都严丝合缝。针对文章的每一个小主题，我们都可以将其视为一项新的书写工作。它们既彼此联动，同时又保持独立，形成自己特有的自由天地。

以杜鲁门·卡波特卓越的非虚构作品《冷血》为例，我们来看看优秀的写作者是如何构思的。《冷血》的核心主题是一桩灭门惨案究竟是如何发生的。"如何发生"包含三层含义：第一，就凶案而言，凶手如何作案；第二，从警察角度，案件如何侦破；第三，对凶手本人来说，杀人动机为何。卡波特以四个章节，也就是四个小主题来构建他的作品，题目分别为"死神来临前夕""不明人士""水落石出"

和"角落"。"死神来临前夕"是相关事件背景及人物的交代，以让读者对事件整体有所把握，并快速与其中的人物建立熟悉感，产生情感关联。"不明人士"则将叙事发展成两条线索，该部分聚焦罪案发生后的一段时间，一边讲述凶手如何作案并逃亡，一边讲述凶案的影响以及小镇中的人们对于这起凶案的反应。从这部分开始，真正的叙事开始了。它完成了主题所规定的任务之一：凶手是如何作案的。"水落石出"是全书的一个高潮处，它试图完成主题的另一个部分：警察如何侦破案件，并将凶手绳之以法。在惯常的非虚构写作中，叙事应该在案件被侦破这一叙事弧线的最高点戛然而止。坏人被绳之以法后，还有什么故事可讲呢？《冷血》之所以成为非虚构写作的经典作品，最重要的原因便在于其叙事在攀登过一个高峰后，还能再上一个台阶。第四部分"角落"是关于凶手的审判与心灵记录，卡波特耗费大量时间与之交谈，最后甚至与凶手成为朋友。他打开了凶手内心的大门，了解到了这桩罪案最有价值的部分：凶手作案的深层动机。正是这一部分的书写，对读者的心灵产生了最深层的激荡。

3.3 剪裁

如果说有什么能够展现非虚构写作的艺术性，那么写作者对其作品的剪裁也许可以算作其中之一。剪裁首先显示的是写作者本人对书写对象非凡的理解力。我们曾在上文中提到过，现实生活是一团乱麻，能够理解并且做到逻辑架构清晰、见解独到，是优秀非虚构写作者所必须具备的素质。剪裁的过程，同样是写作者赋予素材意义的过程。当我们如麦克菲一样，将素材简介写在一张张卡片上，将它们在桌子上排列成若干行，并不断调整它们的位置时，这正是构建意义的时刻。首先，剪裁是构思的深化，它所涉及的甚至是段落与段落之间的过渡、场景与场景之间的衔接，以及对某些带有隐喻的画面与动作的揭示。其次，剪裁考量写作者的写作技艺。除了语言，写作者的剪裁技术最能展现其写作技巧和写作观点。换句话说，它在一定程度上代表了写作者的美学取向和风格。

卡波特的《冷血》有一个绝佳的开头："霍尔科姆村坐落于堪萨斯州西部高耸的麦田高地上，是一个偏僻的地方，被其他堪萨斯人称为'那边'。这里距科罗拉多州东部边界约七十英里①，天空湛蓝，空气清澈而干燥，具有比美国其他中西部地区更加鲜明的西部氛围。当地人操着北美大草原的土语，带有牧场牛仔特有的浓重鼻音；男人大都穿紧腿牛仔裤，戴斯泰森牛仔帽，穿尖头长筒牛仔靴。这里土地非常平坦，视野极其开阔；旅行者远远地就可以看见马匹、牛群以及像希腊神庙一样优雅耸立着的白色谷仓。"②如果卡波特将这一开头换成描写罪案现场，或者凶手被抓获的时刻，其所展现的美学效果会有何不同？这一调整会令作品更精彩吗？这值得我们思考。

对于多数写作者而言，所谓非虚构写作的剪裁，**处理的最主要的问题，在于时间与作品主题，或者时间与作品观念的关系**。不管对于小说写作还是非虚构写作而言，时间都是最好的朋友，也是最大的敌人。作家们总是对时间又爱又恨。相当多的时候，他们臣服于时间的威严和秩序，但也不断有胆大包天的作家尝试逃脱线性时间的束缚。加西亚·马尔克斯、伊塔洛·卡尔维诺、胡安·鲁尔福……这些小说家都曾试图违抗时间的命令。他们试图想象另外的秩序——意义的秩序、观念的秩序、空间的秩序等等。"事物在时间中发生，时间对于讲故事至关重要。基德尔和我曾经定下一条规则：你可以打乱时间顺序，可是必须有一个很好的理由。有些定理虽然空洞，却能起到很好的作用，这就是其中之一，可以防止你刻意搅乱叙事时间；这一招对某些作家很有吸引力，可是当它被采用却不能为故事服务时，会让读

---

① 1英里约合1.61千米。
② 卡波特.冷血.夏杪，译.海口：南海出版社，2013：3.

者觉得沮丧。"① 非虚构写作处理的是现实题材，事件的发生、发展必然遵循时间顺序。但对于写作者而言，写作是对现实的二次创作，它不完全等同于现实。准确地说，它是为芜杂的现实赋予意义。不过，意义的秩序有时并不是按照时间的顺序生成的。当非虚构写作者想要表达某一主题、传递某一观念，而主题和观念的生成次序与线性时间的先后顺序不同时，矛盾便产生了。如何调和作品主题与时间的关系，让写作者赋予作品意义的过程更为畅通无阻，这考验着写作者的剪裁技艺。

何伟曾在一堂写作课上分析自己的作品《多恩医生》，这篇非虚构作品的创作过程从某种程度上可以说明剪裁的艺术是如何解决上文提到的矛盾的。《多恩医生》包含三条故事线索。

故事线索一：药剂师多恩曾悉心照料一位从外地移居来的孤寡老人，老人对此非常感恩，死后将自己的五十来万美元遗产留给了他。何伟正是因为对这件事感兴趣，因而对多恩进行了长达一年的采访。

故事线索二：关于多恩的哥哥吉姆。吉姆是一名同性恋者，举止阴柔，无法见容于保守的小镇，大学离家后便没再回来，只来了一封信告诉家人自己的身份。直到父亲去世后，兄弟二人才恢复联系。吉姆告诉多恩自己患有艾滋病，时日无多，他目前住在芝加哥。他希望多恩能够去看望他和他的同性伴侣。多恩始终以自己忙碌为由拒绝，直到吉姆忽然去世，他才感到后悔不迭。他实际上可以抽出时间去探望，但一想到两个男人共处一室，以及接吻，他就受不了。

故事线索三：关于药剂店的坏账。作为商人，多恩并不合格，他经常赊账给那些付不起药钱的病人，以致店铺每年都有上万美元的坏账。这些年，坏账数目加起来达到了三十万美元。这一信息是何伟在当地采访时听镇上的人转述的。

---

① 基德尔，托德. 非虚构的艺术. 黄红宇，译. 上海：上海译文出版社，2020：35.

按照何伟采访和了解到的事件的时间顺序，这篇作品应该按照遗产、哥哥、坏账的顺序写作。但这种处理方式有一个问题，它可能会令读者感到，多恩也许是因为意外继承了财产才同意病人赊账的。在何伟看来，实际情况是，多恩并不在意这笔遗产。这篇非虚构作品也可以换成另外的裁剪方式，比如按照哥哥、坏账、遗产的顺序安排。但这样剪裁仍然对多恩的形象不利。在哥哥的故事中，多恩扮演的并非是某种"正面"角色，他的不理解、不认同显示了他的偏见。而率先展示多恩的这种形象，难免容易令读者产生先入为主的刻板印象。因而最终，何伟在处理这个故事时，采用了坏账、哥哥和遗产的次序：先展示多恩的好人形象；接下来是哥哥的情节，让读者感到好人也是常人，也有狭隘之处，并对其产生同情和理解；最后是得到意外的遗产，预示着皆大欢喜，好人有好报。[①]

这个例子让我们看到，不同的剪裁会对叙事产生何种影响。很多时候，它甚至可以改变故事本身的含义。当按照时间的进程讲述有可能伤害写作对象，或使读者误解时，写作者必然要求突破时间的限制。只不过，写作者要始终对此保持谨慎。打乱时间以确保主题、观念的做法，将对叙事及其结构提出更高的要求。写作者必须为被打乱的时间负责，而不能令读者为之伤脑筋。归根结底，非虚构写作是一门关于拼贴的手艺，它的终极目的是更好地为读者服务。

[①] 何伟将告别川大教职：成都留下美好回忆，希望还能重返中国．（2021-05-30）[2025-05-04]．https://mp.weixin.qq.com/s/_9ciVihN8ZojC6aYilsGpg．

第四节　吸引读者

《华尔街日报》资深头版撰稿人威廉·E. 布隆代尔曾讽刺过一些傲慢的记者,将他们分成几种讨厌的类型:律师型记者,他们认为"自己的工作就是让人们相信他们对是与非的判断,所以他们的报道中总是充满了说教和强硬的口吻。他们注重的是观点,而忽视了工作中人性的一面";学者型记者,"他们不知何故,总是要在了解到写作对象的所有信息之后才肯动笔……他们成了自己故事的囚犯";实际主义者型记者,"他们能够按时交上具有相当分量的作品,结构完整合理。但是他们不会想尽办法让世界按照他们的想法运行,以便拯救这个世界……当然,他们的作品也很少能够给人们留下深刻记忆"①。布隆代尔的分类有些苛刻,特别是对学者型的写作者,但他的分析不无道理。之所以很多非虚构写作者有这样那样的缺陷,归根结底,是因为他们没有将自己看作一个讲故事的人,并且从不真正在意自己与读者的关系。对读者的忽视,造成了写作者的傲慢而不自知。

非虚构写作被看作一种跨界写作的样板,小说家、记者、社会学家、人类学家、历史学家等都试图踏足非虚构写作的某些领域。这些写作样态彼此融合、借鉴,比如人类学家和历史学家的某些写作,明显带有小说的技巧,他们的书普通读者也可以当作文学读物阅读。这一切都是为了更好的沟通,为作品赢得读者。因此在进行非虚构写作训练时,写作者也应同时站在读者的角度,试着向读者靠拢一点。为此,他们得学会与读者"沟通"的技巧,并最好能够在各个层面努力激发他们的兴趣,引起他们的共鸣。

---

① 布隆代尔.《华尔街日报》是如何讲故事的. 徐扬,译. 北京:华夏出版社,2006:75-76.

4.1 引人入胜的元素

了解读者的喜好，仿佛是一种刻意逢迎。但对于一名经常需要与读者打交道的非虚构写作者来说，此知识必不可少。我们经常在大师班讲座或者教程上看到一些总结，比如约翰·特鲁比将所有电影从开头到结尾、从发生到发展的步骤，总结为"弱点/需求、欲望、对手、计划、对决、真实自我的揭露、新的平衡点"[1]。葆拉·拉罗克在《写作教程》中试图归纳文学中所有永恒的主题："显著的主题或典型的情节，包括探索、寻找、旅行、追求、捕获、逃脱、爱情、被禁锢的爱情、单相思、冒险、谜题、神秘、牺牲、发现、诱惑、失去或者得到身份、蜕变、转变、屠龙、下到阴间、重生和救赎。"[2] 无论这些总结是否准确，这些积累下的模式、关键词，都可以被看作某种创作者与其受众磨合的产物。正是在与读者、观众的"沟通"或者"较量"中，一些被称作规律的东西才能够沉淀下来，世代流传。这不仅是受众的秘密，也属于创作者，因为他们同时也是读者，是观众，他们同样受到这些规律的暗中制约。

非虚构写作的传统驳杂，带有诸多不同知识、传统、背景的特质和谱系，但这些要素似乎又能够在很多方面达成一致。这也是与读者彼此"妥协"的结果之一。非虚构写作中的某些元素一而再地成为吸引读者注意力的关键，这些元素之所以重要，原因不是单方面的，它们一方面来自读者的偏爱，另一方面也投入了创作者的价值取向与审美取向。对这些吸引人的因素，人们不可能视而不见。以下列举了一些非虚构写作中受到人们偏爱的元素，对于初学者而言，学习和掌握这些元素将有助于日后的写作。

---

[1] 特鲁比. 故事写作大师班. 江先声，译. 长沙：湖南文艺出版社，2019：59.
[2] 哈特. 故事技巧：叙事性非虚构文学写作指南. 叶青，曾轶峰，译. 北京：中国人民大学出版社，2012：144.

- 边缘

非虚构写作对边缘的偏重究竟源自何处？不消说文学中的小人物、历史硝烟中的普通人、新闻报道中的弱势群体，以及社会学、人类学研究中的偏远地区或少数民族生活……**这里所谓的边缘是一个中性词，泛指作为中心的自我之外的一切经验，只要我们对此感到陌生、讶异或者有兴趣，就属于边缘。**

目前国内非虚构写作的流行读物中，存在一种以"我在……"的句式为题目或主题的作品。这一句式的肇始，或许可以追溯到《我在故宫修文物》。其后又诞生了诸如《我在北京送快递》《我在上海开出租》等非虚构作品。这些"我"所在之地以及所从事之职业没有大众不知道的。北京、上海大家都熟悉。至于"我"的职业，快递员、出租车司机更是大家熟悉到熟视无睹的地步。但大多数普通人对这些除了"知道"以外，又近乎一无所知。实际上，这类非虚构作品的着眼点，就在于引发人们对那些介于陌生与熟悉之间的边缘事物的好奇。具有类似特质的作品让受众既不会觉得与自己太不相关而拒斥，也不会因过分熟悉而缺乏兴趣。除了以"我在"为主题的写作，项飚以北京城乡接合部的"浙江村"为写作对象的《跨越边界的社区》、易小荷以四川南部古老小镇里的女性生存为写作对象的《盐镇》，都有相似的取景原理。不可否认，在人们的认知中，以上经验都处于某种边缘位置。当人们以自我为中心，接纳这些来自各地的异质性经验时，会受到种种震撼、愤怒、悲伤、同情、羡慕……有时，这些异质性经验代表了某种人生的典型，让人们意识到还有人如此生活；有时，这些经验让人们发现，实际上我们在相当程度上共享了相同的人生处境。以上种种，读者将有机会借此反观、检视自己的生活。总之，对于边缘的关注代表了人类的某种共性，于非虚构写作而言也不例外。

- 悬疑

严肃写作对类型写作的态度时常变化。一部分作家对类型文学深恶痛绝；一部分作家大胆借鉴；还有一部分作家则更为暧昧，他们一边使用，一边讽刺、揶揄自己所使用的类型文学方法。在众多类型文学中，悬疑也许是目前最受创作者和读者青睐的，无论是文学、影视剧还是非虚构写作，都不乏借用它构置情节的做法。以悬疑为方法，当然折射出许多创作者对于社会深层的忧虑、恐惧或者愤怒，但从另外一个角度来说，它同时也含有抢夺读者、争夺观众的意味。悬疑似乎正成为某种销量或收视率的保证。因此，非虚构写作对它的大量征用就不令人意外了。

大卫·西蒙的《凶年》可以被看作热门悬疑类非虚构写作的典型，后来这部聚焦巴尔的摩真实罪案的非虚构作品被改编为经典美剧《火线》，受到热烈追捧。前文讨论过卡波特的非虚构作品《冷血》。实际上，卡波特对于罪案的写作一直抱有兴趣。作为一个极端聪明、熟知各种媒介写作要领且早早写出《蒂凡尼的早餐》这类畅销作品的作家，他不可能不知道读者的偏好。《冷血》的写作，不乏对侦探小说技巧的利用，并以此构成了深重的悬疑感。除了《冷血》之外，卡波特还进行过其他有关悬疑写作的尝试。比如，在《手刻棺材》中，他便将"悬疑""非虚构""小说"三种方式进行了融合，故事以一名老侦探对一起连环罪案多年的侦查为线索。命案仍不时发生，而证明凶手作案的证据却始终不充分，因而读者一直被悬念支配，处在一种悬而未决的紧张情绪中，急切地想知道答案而不能。虽然《手刻棺材》的影响力远不及《冷血》，但依然有许多值得非虚构写作者学习的地方。熟悉并善用各种类型文学的技巧，并不意味着降低文学品质和要求，它只会让我们的写作更为丰富。

· 贫困

贫困一直是非虚构写作最为关注的话题之一。它一方面映射出社会的深层结构性问题与危机，另一方面也代表着某种普遍的公共价值，激发着每个公民的正义感。因而这样的写作通常会引发社会关注,这也是各大非虚构写作奖项比较重视的话题。前文所举《桑切斯的孩子们》即聚焦墨西哥贫困人群的例子。大卫·西蒙与爱德华·伯恩斯撰写的《街角》同样涉及贫困。西巴尔的摩,费耶特街与门罗街的街角是一片被"美国梦"遗忘的地方,这片曾经的希望之地,如今沦为锈带上的遗迹。居住在这里的人们饱受枪击、冲突折磨,生活完全围绕毒品展开,一辈子为生存苦苦挣扎。没有人为他们的贫困负责。而非虚构作品《扫地出门》则将目光放在与住宅有关的贫困问题上。这部作品中的主人公们生活在贫民区,没有钱购买房子,以致必须付出高昂的租房成本,因时常拖欠房租,他们不断经受被房东"扫地出门"的命运,流离失所。实际上,众多以贫困为切口的非虚构写作,背后都有作者强烈的问题意识,这些问题意识关涉着这个社会上每一个人的生活。为这些贫困人群发声,同时也是为自己发声,为自己的良知发声。

4.2 场景与概述

与小说、戏剧等体裁一样,非虚构写作同样要求叙事,要求作品如长河般具有流动性,或者说处于动态之中。为了让非虚构写作的叙事流动起来,我们当然要在构思、剪裁等步骤中注意故事的戏剧性,删掉那些无关紧要的线索。但非虚构写作中的戏剧性并非杜撰,它依托现实,即使那些最优秀的非虚构作品也不能保证时刻存在戏剧张力。**那么有什么办法保持行文的流动性?答案是:场景。**

对许多非虚构作家而言,场景是真正的"血肉之躯",怎么强调都不为过。了解过一点新闻史的人都知道,从概述式新闻报道到拥有场景的新闻报道是一个多么令人欣喜的转变。对于小说而言,场景的选择是一种建构,场景的空间、布景、细节、氛围都是小说家们需要考虑的事情。而对于非虚构写作而言,场景同样需要某种"建构"。"当你着手创作一篇非虚构故事时,不妨将自己想象为剧作家。你必须要搭建舞台，因为只有在舞台上，故事才能展开；因为只有拥有了故事空间，你才能让人物去呼吸，去走动，去表演。只有将人物、动作、场景三者配合起来，故事讲述才具有了稳定的三脚架。"① 需要提示的是，这种"建构"不意味着凭空虚构一个事件发生的时空，而是指选择。

与此同时，我们也不要忘了新闻从业者的老传统。场景为读者提供现场感，使其仿佛身临其境，处于一个偷窥的视域。而概述则更像是一名尽职尽责的讲解员，它的作用是阐释分析，告诉我们所处场景的背景：这是哪里？这里曾经发生过什么？那些人是谁？相比较场景叙述，概述里有更广阔的时空，既能涉及过去，也能陈述现在和未来。

非虚构写作的阅读快感，在很大程度上依靠的是场景与概述的转换，二者协调的关系将制造良好的行文节奏。没人不喜欢张弛有度、收放自如的讲述。有经验的非虚构写作者将调整二者的比例，使每个部分都恰到好处。

我们以马修·德斯蒙德的非虚构作品《扫地出门》为例。这是一部讲述贫民租房困境的作品，它在开端的序曲部分便通过场景与概述、近景与远景的转换牢牢抓紧了读者的心。故事以一个动态场景开始：主人公阿琳的儿子乔里正将雪球扔向路上过往的车辆。接下来，作者对乔里所在的街区进行了大致描述：公寓前有楼梯，周围的人行道铺满蒲公英，向北则通往教堂。看起来阿琳和她的孩子们住的地方不错。但这段描述的真正作用，是为了与日后阿琳租房环境的恶劣做比对，它预示着阿琳一家境遇不断下降的过程。随后，作者嵌入一个突发场景。乔里的雪球所击中的车里跳下一个男人，看到男人后，乔里和其他男孩立刻钻进家门，仿佛已经很熟悉这套流程。男子踹了几

---

① 哈特. 故事技巧：叙事性非虚构文学写作指南. 叶青，曾轶峰，译. 北京：中国人民大学出版社，2012：91.

下房门,把门锁踹开了,但看了看便离开了。这是一个令人不安的场景描述,作者并没有对此进行说明,而是为读者留下了一个悬念。聪明的读者已隐约嗅到危险,知道类似事件时有发生,并且不会轻易停止。房东很快发现了被踹坏的门锁,将阿琳一家逐出这个房子。马修详细描述了阿琳一家在房东搬家期限最后一天狼狈不堪的场面,并着重记录了他们的家当。"全部家当统统被搬运工堆在路旁:几张床垫、一台落地式的电视机、一本《不要惧怕管教》、一张漂亮的玻璃餐桌和尺寸合宜的蕾丝桌布,还有她的假花盆栽、几本《圣经》、冰箱里切好的肉、浴帘、贾法瑞的哮喘雾化机。"① 这一场景首次揭示了本书的核心主题:扫地出门。故事自此开始了。

此后作者概述了阿琳一家辗转住过的各个居所:游民收容所、第十九街和汉普顿街口处经常停水的房子、据说是毒贩天堂的公寓社区……最后他们来到一所双联式公寓的底层。这里的房东是本书另一个重要角色谢伦娜。作者描述了谢伦娜与阿琳第一次见面的场景:"外头响起了敲门声,上门的是房东谢伦娜·塔弗。谢伦娜是一位身材娇小、顶着波波头、指甲修得漂漂亮亮的黑人女性,这会儿她带来了大包小包的食品杂货。她自个儿掏 40 美元买了一些东西,其余的则是在食物救济站领的。她知道阿琳会需要这些。阿琳谢过谢伦娜,关上门。好像有了个不错的开始。"② 这段场景以阿琳的视角描述谢伦娜,其眼中的谢伦娜美丽、善良,象征着阿琳对日后美好生活的期待。这段令人带有幸福遐想的场景描写,为阿琳日后悲剧的轮回埋下了伏笔:对阿琳而言,谢伦娜只不过是另外一个将她扫地出门的房东而已。至此,这一章节的场景叙述到此为止。

在余下篇幅里,作者通过概述向读者展示了贫困者被强制性搬迁

---

① 德斯蒙德. 扫地出门:美国城市的贫穷与暴利. 胡䜣淳,郑焕升,译. 桂林:广西师范大学出版社,2018:8.
② 同①10.

的种种情况、背景,他以强有力的声音揭示道:"许多家庭眼睁睁看着自己的收入停滞不前,甚至不增反减;与此同时,居住成本却一路飙升,今天美国大多数贫困的租房家庭得砸超过一半的收入在'住'这件事上,至少有四分之一的家庭要用七成以上的收入支付房租和电费。每年因为缴不出房租而被扫地出门的美国国民,数以百万计。密尔沃基的租房家庭不到 105 000 户,房东却想得出办法每年驱逐大约 16 000 名成人和儿童,相当于每天都有 16 个家庭经由法庭程序被驱逐。不过,比起走法院这条路,房东其实有更省钱省事的办法让租房家庭离开——有些房东会直接拿出 200 美元打发房客,叫他们在周末前搬走;有些房东会强拆房门,让人住不下去。密尔沃基半数租房家庭经历的'强制性搬迁'都发生在法律无法触及的死角,属于'非正式的驱逐'。如果把各式各样非自愿的搬迁全部算进去——正式的、非正式的、房东的房子被查封、房子被宣告为危楼等等——你会发现从 2009 年到 2011 年,密尔沃基每八名租户中至少有一名经历过强制性搬迁。"[1] 通过场景与概述的巧妙搭配、结合,作者用短短的一个小节便勾勒出了阿琳一家的故事,并最终通过概述直击本书写作的目的与主题。

4.3 对比与变化

上文我们提到非虚构写作的行文需要保持一种动态,场景以及场景的转换、衔接是确保动态的最重要方式。除此之外,非虚构写作还有其他一些方式可替代场景的功能,让叙事形成流动的效果,比如在作品中增加对比和变化。

所谓对比,指的是在非虚构写作中,通过两个或者两个以上对象的比较,来形成一种行文的力度和强度。有时候,对比的二者处于竞

---

[1] 德斯蒙德. 扫地出门:美国城市的贫穷与暴利. 胡䜣谆,郑焕升,译. 桂林:广西师范大学出版社,2018:11.

争关系，或者彼此的利益、诉求有反差，那么二者之间将有可能产生火花，引起读者的兴趣。另外，二者之间也可能构成其他关系，比如递进、协作等。这些都比单线叙述更能激发读者的兴趣。

变化意味着非虚构写作的对象在故事中发生种种改变的情况。我们经常会对作品中事件或人物的变化产生期待，这也就是我们常说的**反转**。比如某件事，我们原本以为是A，但随着叙事的行进，我们发现它的内情其实是B。同样，我们也从不期待人物始终不变，我们希望他们经过某些事件之后发生转变，像许多成长小说那样——小男孩经历磨难，最终成长为男子汉。缺乏变化的非虚构作品，经常会令读者质疑该作品的意义和价值。当然，还有一种变化来自读者自身。在阅读完毕后，他们很可能对于一件事或者一个人产生明显的态度转变。这种引起读者态度转变的写作，同样能够激发读者内心的震荡。

为主角设置一个对照组，与之形成区别或竞争关系的对比，是比较常见的做法。但对比也可能具有其他功能。我们以特雷西·基德尔的《生命如歌》为例。这是一部印刻着作者巧思的长篇非虚构作品，它的故事线索大致如下：主人公德奥来自布隆迪——联合国公布的世界上最贫穷的国家之一。他曾两次徒步逃过巨大灾难，一次是布隆迪内战，另一次是卢旺达种族大屠杀。在祖国经历六个月地狱般生活的德奥从死亡线逃脱，后来辗转来到美国，开始了在异国学医的艰难生涯，并最终学成。毕业后，他毅然重返布隆迪，开始为自己的同胞筹建一家医院。这个故事包含许多吸引人的要素。残酷的战争经验，异乡人艰难的生存打拼，学成后毅然重返故乡的大义，这些都能够激发读者的兴趣。按照常规，这部长篇非虚构作品完全可以依照线性时间顺序，以第三人称视角讲述德奥从小到大的成长经历。这看起来没什么，但本书的作者对其结构有更高的要求，他认为按照线性叙述，可能导致一些问题：

第一，依靠德奥本人回忆并转述的部分太多，作者只是该转述的转述，极易令读者产生不信任感和不真实感。

第二，作者本人亲身前往布隆迪采访数次，并曾到德奥在纽约生活的地方体验过。作者与德奥碰面的情景、作者对布隆迪独特的感受和体验，无法融入线性叙事中。

不管对于作者还是读者而言，这都是一种浪费。为此，作者采用了一种对比的叙事方式，创造性地解决了这两个问题。在第一部分中，作者利用双线叙事，分别讲述了德奥在布隆迪和美国的生活经历，以确保情节上不失衡。采用双线叙事，是考虑到德奥早年在布隆迪的经历要比后来在纽约的更引人入胜。过早将重要情节讲述出来，可能会使读者对此后部分的"平淡"感到失落。在第二部分里，作者本人出场，他采用第一人称叙事视角，由自己讲述采访德奥的前后过程。从某种程度上说，这一部分内容相当于对德奥故事的重述，其创造性在于，它不仅额外融入了作者本人的经验，还依靠对比的重述方式，使得这两部分内容形成对照，从而弥补了此前第三人称叙事给读者带来的不真实感。

安妮·法迪曼的非虚构作品《要命还是要灵魂》同样是利用对比让作品保持动态的例子，但与此同时，它还带领读者经历了一次复杂而曲折的心态变化。这让我们了解到，**非虚构写作如何利用读者的态度变化来保持作品的流动性**。它聚焦于一起悲剧性事件：黎亚一家是在美国生活的老挝人，苗族难民，20 世纪 80 年代从老挝移民美国。在美期间，三个月大的黎亚突发癫痫，被其母送去默塞德医院求诊。由于母亲不通英文，无法与医生正常交流，导致医生误诊，认为黎亚只是"初期支气管肺炎"，按照此病开了药。黎亚的病情并没有好转，此后她开始频繁入院，直到病情得到确诊后医生才给开出正确的药方。但黎亚父母的心中已埋下怀疑的种子，以致后来，他们始终没能按照医嘱让黎亚服药。况且，更重要的是，黎亚父母有着根深蒂固的苗族文化基因。在苗族文化中，癫痫代表此人受神灵召唤，是神的孩子。黎亚的母亲更相信苗族的治疗方式，认为吃西药会让黎亚变得蠢笨，不再纯净。等到黎亚的病情越来越严重，其父母再也无法相信西医的治疗方式。该事件由此引发了一场旷日持久的文化间的对比博弈。一方要生命，一方要灵魂，双方越是拼命想要救助黎亚，黎亚越是从双方手中挣脱，加速向死神跑去。随着黎亚生命状态的起伏，读者也随之经历着情感和态度的变化，从最初对黎亚父母的抗拒、不解，到最终理解了他们以及他们背后的苗族文化，并开始反思美国及其医疗体系。作者安妮·法迪曼带领读者一同经历了这种变化，这种变化正是《要命还是要灵魂》成功的关键。

第三章　诗歌写作

- ◆ 第一节　情感
- ◆ 第二节　节奏
- ◆ 第三节　语言
- ◆ 第四节　张力

与其他文类相比，诗歌往往更富有神秘气质。在很长的历史中，诗歌写作被视为一种带有"神启"性质的书写行为，"灵感""天才"等词语成为重要的诗学概念即是明证。这种认知至少带来了两个方面的结果：一是认为诗歌不可解，也就是语义指向充满歧义，无法对之进行客观化解释；二是认为诗歌写作不可学，既然诗歌是天才和灵感的产物，自然也无法按照既定的程式进行学习和训练。但是在中西的诗歌传统中，又特别强调"熟读""立意""锤炼""形式"等看起来可以"言传身教"的内容。作为一个诗人，笔者一方面相信诗歌写作中确实有某种天才和不可言说的成分，但另一方面也相信天才和灵感与个体的研习和训练密不可分。不可言说的部分可以交给沉默和"神启"，这一章要介绍和讨论的，是诗歌中那可以解释、继承和学习的部分。

第一节　情感

"仰天大笑出门去，我辈岂是蓬蒿人""万里悲秋常作客，百年多病独登台""但愿人长久，千里共婵娟"等等诗句之所以能够千古流传，一个重要的原因是，蕴含其中的真情实感感染了一代又一代人。现代诗与古体诗存在形式格律上的诸种不同，语言、节奏等方面的表现更为复杂，但写作主体的情感输出同样重要。相对于其他文体，现代诗相对简短的篇幅，更凸显了情感的重要性：它潜在规定着整首诗的面貌和气质，影响着读者对作品的接受和理解。概括来说，情感在现代诗中有三个层面：一是指写作者在作品中流露出的感情；二是指写作者面对写作对象的立场和认知；三是指写作者对情感进行加工和塑造的方式。对情感的最后一种理解把握尤为重要，在诗歌写作中占据着重要位置。

1.1　真诚

来看两首现代诗，卞之琳的《断章》[①] 和海子的《活在珍贵的人间》[②]：

断章

你站在桥上看风景，
看风景人在楼上看你。

明月装饰了你的窗子，
你装饰了别人的梦。

---

① 卞之琳. 鱼目集. 杭州：浙江文艺出版社，1997：10.
② 海子. 海子诗全编. 上海：生活·读书·新知三联书店，1997：52.

活在珍贵的人间

活在这珍贵的人间
太阳强烈
水波温柔
一层层白云覆盖着
我
踩在青草上
感到自己是彻底干净的黑土块

活在这珍贵的人间
泥土高溅
扑打面颊

活在这珍贵的人间
人类和植物一样幸福
爱情和雨水一样幸福

诗歌成立的基础是言之有物，言之有情。不管是卞之琳《断章》这样颇具哲理意味的叙事诗，还是海子《活在珍贵的人间》这样的抒情诗，阅读之后，我们都能感受到诗人向我们传递了什么东西，这些由诗人传递给读者的认知或感情，是一首诗成立的基础。我们对诗歌的阅读和接受，可以以此为首要标准，即诗人是否真切地传达了什么东西、是否足够真诚，然后再去考虑修辞方面。恰如米沃什所说，"反对不能理解的诗歌"[①]。进而，我们在写作某一首诗之前，也需要先扪心自问，自己心中是否存在某种真实（但未必明确）的感触，召唤写作的发生。

诗歌写作的初学者往往缺少经验和阅历，容易为经典诗歌文本所

---

① 米沃什. 站在人这边. 黄灿然，译. 桂林：广西师范大学出版社，2019：402.

打动,不自觉地进行模仿。一方面,现代诗往往复杂而跳跃,由多重元素微妙地搭建成一个均衡整体。初学者可以读到诗歌中的味道,但未必能理解诗歌的全部,如果一味模仿,容易写出不伦不类、空有其形而缺乏内在的东西。《活在珍贵的人间》对于人间事物的描绘,简单而动人,我们使用太阳、水波、白云等意象,模仿海子的句式,似乎能轻易写出一首近似的诗,但未必能复原其羚羊挂角、无迹可寻但又直指人心的境界。这是因为诗人的情感、思考和诗歌文本构成了一个严密的整体,单纯的模仿无法保持其整体性。**这就提醒初学者,要始终保有情感的完满性和原发性**,避免为了写作而写作。另一方面,有时候写作者自身的情感未必不真诚,但在读者看起来,却可能显得空洞。这可能是因为写作者没能很好地处理自己同经典文本的关系,将自己为经典文本所打动而产生的情感,未加甄别就带入了自己的写作中,这使得自己的情感显得有些"隔"着。《活在珍贵的人间》有海子的语境和生活,但那并不一定是我们的语境和生活。每个时代有每个时代的生活经验,我们不能像两千年前的古人一样说话,也不能完全像几十年前的诗人一样表达。情感的真诚意味着真诚地捕捉时代的自我经验,而不是咀嚼前辈吞咽过的东西,又将其吐出来当作自己的原创。

此外,对待卞之琳《断章》乃至顾城《一代人》这样的经典文本,容易产生的一个问题是:同样的几句话,为什么他写出来就是经典,我写出来就什么都不是?需要知道,流传下来的经典文本均有其时运和环境,流传最广的作品未必是诗人最好的作品。谁会认为《静夜思》是李白最好的作品?《断章》原本是卞之琳长诗中的一节,抽出来后反而凸显丰富质地;《一代人》与社会历史语境存在极强的关联,这极大地影响了其流传度。真诚的写作者,面对经典文本的"诱惑",需要建构起对于自我的期许和要求,以完成严肃完整的文本为写作目标。

相对于被经典文本带偏,不够真诚或者说内容空洞的另一表现是

过分放大自我的情感，在写作中过分抒情，过分强调自我认知。在这种情况下，诗歌全部被自我占领，失去了同外部世界对话的可能性，也就难以在读者那里获得任何共鸣。这一方面是由于写作者的自我意识过重，甚至过于"自恋"，以至于将自我与外界对立。强烈的自我意识是许多写作者开始诗歌写作的重要原因，是发动诗歌写作机器的燃料，但这种强烈乃至过剩的自我意识需要约束和控制，需要合理配置，才能提供持续稳定的动力。另一方面，抒情的过度膨胀，可能源于观察能力和表达能力的匮乏，难以为情绪冲动提供足够的修辞，结果导致个人情绪的单独表演。

在诗歌写作中实践"真诚"，首先要具备明确的"真诚"意识，始终反省自我情感的原发性真诚性。其次需要大量阅读和写作练习，提高自己的语言表达能力。不管写作者心中拥有怎样真诚、炽烈的情绪，若不具备相应的写作能力，写出来的作品就不可能有真正的艺术感染力。相对于经典文本，对初学者来说，阅读同代人的作品也是很有必要的，学习同代人对同时代经验的处理方式，可以在一定程度上化解经典文本所构成的"影响的焦虑"。

我们未必总是拥有真诚的、丰沛的情绪，情绪和灵感一样，需要等待。如果心中不存在召唤写作的真实感触，就不要硬写。重复他人的情感，生产出造作、虚假的作品，不但不能感染他人，还可能妨碍自我认知。这里的不要"硬写"，指的是不要试图在虚假情绪下，完成一个诗歌整体。在缺乏情绪和灵感时，我们不宜写作整首诗，但可以进行遣词造句上的写作锻炼，在后文所讲的节奏、语言、张力等方面，从对简单事实的描写、叙事上展开训练。只有首先把一句诗、一段诗写好，才有可能写好一整首诗。一些初学者的诗中仅有简单事实或一两处"金句"，剩余内容过于空泛，缺乏足够丰厚的意涵。在这种情况下，切忌急于拼凑出一首"完整"的诗歌，可以多练习"金句"和"场景"描写，待时机成熟时再完成整首诗歌。

1.2 独特

写作者在进行写作的时候，必然面对着古今中外大量丰富的文艺作品。这既是幸运，也是"不幸"。虽然我们生活的世界早已发生了巨大的变化，但题材和意象的数量总归有限。写作者不得不面对这样的困境：对于前人写过的事物，我们如何才能写出新意，如何才能创造出属于自己的独特表达？以月亮这一意象为例，"海上生明月，天涯共此时"写对亲友、恋人的怀念，"月如钩，寂寞梧桐深院锁清秋"营造清冷寂静的氛围，"人生代代无穷已，江月年年望相似"借江月的不变写人世的无穷变易。生活于同一个人间的我们，无法避开借月亮抒发思念之情、塑造孤寂氛围或书写人世变易的情况，但要想让完成的作品不落俗套，就必须在这些大情境下书写出属于自己的独特细部，或者重新发现月亮意象的可能性内涵。真诚是诗歌写作的基本要求，但并非诗歌写作的全部，真正的诗歌写作对情感有更高的要求。

个体间的情感是相通的，我们对自我情感的书写，极易引起他者共鸣。古人的"但愿人长久，千里共婵娟"能引起情感共鸣，今人发一条微信祝福中秋快乐同样能带来共鸣。但现代诗引发的共鸣，在情感共通的基础上，对个体表现的独特性要求更高。一方面，"独特"是现代诗的本质要求之一。相比于散文和小说，现代诗篇幅极为简短，要想在这样简短的篇幅内抓住读者，就必须提供足够独特的内容使读者眼前一亮。另一方面，只有足够独特的东西，才能在最大程度上激发个体的审美共情力。

我们来看一首韩东写母爱的诗《我们不能不爱母亲》①：

> 我们不能不爱母亲
> 特别是她死了以后。

---

① 韩东. 奇迹. 南京：江苏凤凰文艺出版社，2021：76.

> 病痛和麻烦也结束了
> 你只须擦拭镜框上的玻璃。
>
> 爱得这样洁净,甚至一无所有。
> 当她活着,充斥各种问题。
> 我们对她的爱一无所有
> 或者隐藏着。
>
> 把那张脆薄的照片点燃
> 制造一点焰火。
> 我们以为我们可以爱一个活着的母亲
> 其实是她活着时爱过我们。

我们说我们应该爱母亲,谁都会点点头;我们提到母亲的去世,谁都会感到些许悲痛。但读了韩东的这首诗,谁也不可能只是"点点头"或"感到些许悲痛"。这首诗写母爱,并不写母亲对子女如何如何好,而是尖锐地指向子女对待母亲的方式。"久病床前无孝子",母亲活着就意味着"病痛和麻烦",意味着各种问题,子女此时对母亲的爱要么"一无所有",要么"隐藏"。而当母亲死去,我们只需要"擦拭镜框上的玻璃",就可以宣称自己爱母亲——"我们不能不爱母亲",仅仅是因为这一"爱"的便宜和简单。在对子女之爱的反讽性书写中,母爱获得了空前的强化和凸显,"我们以为我们可以爱一个活着的母亲,/其实是她活着时爱过我们",冰冷的现实刻画直抵内心世界,使我们陷入无穷心痛和省思之中。

从整体上来说,要实现独特性,往往需要超越既有的、普遍存在的认知路径和表达惯性。韩东这首诗之所以能产生强烈的冲击力,是因为他避开了正面刻画母亲辛劳、慈爱等传统方式,从母亲死后的情形反写母子关系。我们在自己的写作中,不妨时常停下来反思所写题材的惯常套路是什么,自己这样写是否落入窠臼。这里的建议是,首先在内心建立明确的"独特"意识。其次，培养一种看穿表象、重新发现世界的能力。

我们生活于日常生活的惯性之中，对一切存在习以为常。谁会像牛顿那样思考苹果为什么向下落地呢？我们只会觉得，苹果就应该落下去。我们常把孩子比作天生的诗人，是因为他们还没有完全落入日常生活的逻辑之中，对外部世界怀有独特的联想和理解方式。顾城十二岁时写的《星月的来由》——"树枝想去撕裂天空，/却只戳了几个微小的窟窿，/它透出天外的光亮，/人们把它叫做月亮和星星。"① 这首诗打破了习惯认知，将树枝与天空的"远"重置为撕裂的"近"，将星月发光的"有"理解为窟窿的"无"，使读者在阅读的瞬间被击中，依靠的正是对日常逻辑的重新理解和发现。与重新理解外部世界重合但有所不同的是，我们需要发现情感、经验、感知中的隐秘部分，捕捉那些被隐藏、被忽视的细节。韩东的《我们不能不爱母亲》呈现的心理感受极为幽微，却使我们更加清醒地认识到母子关系中的残酷性，因此具有很强的感染力。

要具备此类重新理解世界和发现隐秘的能力，天分固然重要，但也可以参照一定的训练方法和路径。对初学者来说，不妨先学会从小处着手，从生活的细节入手，以小见大。还是以韩东的作品为例，他的《常见的夜晚》写朋友进入房门的瞬间，《你的手》写睡眠中情人搁在自己身上的手，《回家》写回家前的伫立，无不是从对生活瞬间的重新发现切入更庞大的情感认知。写作者需要重新发现告别时毫不犹豫转身即走的含义，重新发现再度相逢时冷峻表情下隐藏的东西。这里不是要写作者为了发现而发现，而是要切实深入自我和他者的内心世界，体味容易被忽视的生活细节。再者，培养发现能力需要持续的观察锻炼。我们常常在各类名人轶事中读到某某作家随身携带笔记

---

① 顾城. 顾城的诗. 北京：人民文学出版社，2010：1.

本，不顾场合地记录自己的所见所想。诗歌写作同样需要这样持续的观察和锻炼，未必需要一个笔记本，但一定需要一个勤勉的头脑。"台上一分钟，台下十年功。"对生活与世界的严肃思考和观察，会为写作者直接提供写作素材和灵感，也会使其逐渐获得非凡的创造力。

1.3　复杂

如前一小节提到的那样，我们在写作时不得不面对古今中外的文学遗产，写作者可以从中获得启发，但也需要警惕因循守旧带来的俗套表达。叙事和抒情的简单化是导致俗套的重要原因之一。如果读了太多类似"举头望明月，低头思故乡"之类的表达，"月亮"和"思乡"之间的关联性想象就很难再打动我们了。更重要的是，时代一直在发展变化。

首先，从整体上来说，当下时代是一个相对平静的时代，少有强烈的对抗性，少有剧烈的激情和冲动。田间写于抗日战争期间的《假使我们不去打仗》，只有简单几句："假使我们不去打仗，/敌人用刺刀/杀死了我们，/还要用手指着我们骨头说：/'看，/这是奴隶！'"[①] 今天读起来近似标语口号，但在当时能产生强烈的鼓动性，是因为民众共有强烈的抗战情绪。这样的诗句，在一些今天仍存在战火的地区，依旧能引发共鸣。但在没有多少波澜和起伏的当代生活中，人们更多关注自我心灵的细微变动，关注外部世界的瞬间真实。而且，这内外两个维度往往相互纠缠错位而非单一存在。要捕捉它们，需要更为复杂细致的表达。

其次，现代诗歌一直是一种高度在场的表达，它与变化的当下现实发生着互动。高速运转的列车飞机，频繁闪烁的电子屏幕，突然的喇叭、刹车或弹窗广告……种种当代事物，以完全不同于过去几千年

---

① 田间. 田间诗选. 北京：人民文学出版社，1983：25.

的方式，作用于我们的心灵。波德莱尔将艺术的现代性界定为"过渡、短暂、偶然"①，本雅明则从现代性中发现"惊颤"体验②，写作者不一定需要去掌握这种种的学术性概念，但一定要对现代生活的复杂多变有所体验。如果要成为一个严肃面对当代现实的诗人，就不得不去捕捉和呈现这种复杂变化。与此同时，自弗洛伊德以来的精神分析学提醒我们，个体的理性与非理性缠绕纠结，意识与潜意识对抗交错，我们拥有复杂的外部世界，也拥有复杂的心灵世界。对现代诗的一个常见指责是晦涩难懂，这当然有部分写作者过分停驻于自我内心世界的原因，但也是因为许多读者对诗歌的理解依旧停留于前现代。我们能接受影视剧的蒙太奇和多线叙事，能接受海报张贴画中的多重元素，那同样应该能接受并理解以"复杂"著称的现代诗。

来看余秀华的一首诗《我养的狗，叫小巫》③：

> 我跛出院子的时候，它跟着
> 我们走过菜园，走过田埂，向北，去外婆家
>
> 我跌倒在田沟里，它摇着尾巴
> 我伸手过去，它把我手上的血舔干净
>
> 他喝醉了酒，他说在北京有一个女人
> 比我好看。没有活路的时候，他们就去跳舞
> 他喜欢跳舞的女人
> 喜欢看她们的屁股摇来摇去
> 他说，她们会叫床，声音好听。不像我一声不吭
> 还总是蒙着脸

---

① 波德莱尔. 现代生活的画家. 郭宏安，译. 杭州：浙江文艺出版社，2007：32.
② 本雅明. 发达资本主义时代的抒情诗人. 王才勇，译. 南京：江苏人民出版社，2005：43.
③ 余秀华. 摇摇晃晃的人间：余秀华诗选. 长沙：湖南文艺出版社，2018：4-5.

我一声不吭地吃饭

喊"小巫，小巫"，把一些肉块丢给它

它摇着尾巴，快乐地叫着

他揪着我的头发，把我往墙上磕的时候

小巫不停地摇着尾巴

对于一个不怕疼的人，他无能为力

我们走到了外婆屋后

才想起，她已经死去多年

  这首诗单看第一节和最后一节，写的似乎是"我"和小巫去外婆家的过程。然而诗中突兀出现并占据大量篇幅的，是"他"对"我"进行的语言羞辱和家庭暴力。"我"跌倒在田沟里的时候，小巫摇尾巴；"我"将肉块扔给小巫的时候，小巫摇尾巴；"我"遭受家暴的时候，小巫也在摇尾巴。第一节出现的"外婆家"暗示着一个温馨处所的存在，当读者阅读到对语言羞辱和家暴的残酷描写，特别是小巫作为小狗"冷漠"地摇尾巴的反应时，潜意识中会将"外婆家"视为港湾和救赎的可能。但最后一节的"她已经死去多年"彻底摧毁了这一可能，从而极度强化了"我"生存的苦难感和无力感。只会摇尾巴的小巫和"一声不吭""不怕疼"的"我"强化了"他"的残忍和"我"的无助，外婆的"死去"点明小巫是"我"唯一的陪伴，进一步强化了这种残忍和无助。农村残疾妇女的生存处境，在"我""小巫""外婆""他"四重主体的作用下，得到了复杂深刻的揭示。这种表现方式，显然比简单写"他"的暴力行径远为深切动人。

  余秀华这首诗的张力，来自写作者情感、认知上的"复杂"。个人真诚的情感必然是复杂而细腻的，因此往往也是独特而与众不同的。要实现这种复杂，前两小节所论述的警惕被经典作品带偏、避开习惯性认知套路、重新理解世界和发现隐秘,均有必要。此外尤为重要的是,需要写作者勇于认识和捕捉自我和他者身上的矛盾性和复杂性。韩东的《我们不能不爱母亲》写到子女对衰老母亲的厌倦和不耐烦;《我养的狗,叫小巫》写到"我"的"跛"与"他"性需求的无法满足,写到小狗的陪伴与"冷漠"。这些情感在传统认知中容易受到忽视和否认,但实际上却无比真实深刻。日常生活中少有单纯的爱或单纯的恨,主体间的情感往往矛盾复杂,但流行的大众话语习惯于提纯情感,塑造、维系"美好"的幻象。因此,对情感复杂性的捕捉,需要一定的认知能力,更需要打破"美好"幻象的勇气,这是现代诗尖锐性和先锋性的意义所在。

第二节　节奏

2.1　音韵

古体诗词的形式和音韵有严格规范，在对仗、对偶的同时要求押韵、格律，甚至具体到每一个字的平仄上，如此才能称作五律、七律或纳入某一词牌、曲牌之中。这些形式上的绝对要求，使古体诗词在音韵上抑扬顿挫，在外形上整齐均匀，便于朗读颂传甚至演唱，在成就古体诗词美感的同时也促进了其兴盛流传。在西方古典诗中，同样存在近似的音步、抑扬格要求，如从彼特拉克流传至莎士比亚等人的"十四行体"，结构精巧，音乐性强，和中国古体诗词不相伯仲。汉语现代白话诗创立以来，闻一多、卞之琳、徐志摩、陈梦家等诗人针对早期白话诗的散文化流弊，进行了现代格律诗的积极尝试，但这些格律化主张没有获得持续至今的成功实践。

相比古体诗词，汉语现代诗大都自由排列，无拘无束，这一特点出于更丰富、更细致的表达需要。格律在成就古体诗词的同时，极大地限制了其表达。像我们前面所说，现代生活复杂多变，现代心灵充满潜意识、直觉、刹那感觉，只有在自由开阔的写作空间下，才能对它们进行具体准确的表达。与此同时，现代语言相比古代大为丰富，口语、书面语、欧化语言、文言错杂交织，同样难以被规则文体限制。

但现代诗"自由流动"的特点并非完全无视音韵节奏，而是将外在的形式转化为内在的起伏流动。比如朱湘《采莲曲》[①]中的一节：

　　小船呀轻漂，
　　杨柳呀风里颠摇；

[①]　朱湘. 朱湘全集：诗歌卷. 合肥：安徽文艺出版社，2017：66.

> 荷叶呀翠盖,
>
> 荷花呀人样娇娆。
>
> 日落,
>
> 微波,
>
> 金丝闪动过小河。
>
> 左行,
>
> 右撑,
>
> 莲舟上扬起歌声。

朱湘是现代白话诗创立期格律的积极探索者之一。这首《采莲曲》讲究形式,以飘、摇、娆、落、波、行、撑、声押韵,以词句长短和句前空格营造出水波荡漾之感。但如果仔细看下去,在表面形式的荡漾感和音韵起伏外,整节仅简单刻画了行船场景,缺乏可供品味的内容和意蕴。这首写于20世纪初的作品,有其写作语境,不能用今天的标准横加褒贬。21世纪的写作,已经不能仅仅满足于外部的"视觉形式",诗歌内部的起伏流动可能更加重要。比如陈先发的《前世》[①]:

> 要逃,就干脆逃到蝴蝶的体内去
>
> 不必再咬着牙,打翻父母的阴谋和药汁
>
> 不必等到血都吐尽了
>
> 要为敌,就干脆与整个人类为敌
>
> 他哗地一下脱掉了蘸墨的青袍
>
> 脱掉了一层皮
>
> 脱掉了内心朝飞暮倦的长亭短亭
>
> 脱掉了云和水
>
> 这情节确实令人震悚:他如此轻易地

---

① 陈先发. 陈先发诗选. 西安:太白文艺出版社,2019:2-3.

又脱掉了自己的骨头！

我无限眷恋的最后一幕是：他们纵身一跃

在枝头等了亿年的蝴蝶浑身一颤

暗叫道：来了！

这一夜明月低于屋檐

碧溪潮生两岸

只有一句尚未忘记

她忍住百感交集的泪水

把左翅朝下压了压，往前一伸

说：梁兄，请了

请了——

相比《采莲曲》，《前世》仅是重复出现了几次"要……""不必……"和"脱掉了……"句式，但如果沉浸地读进去，却能感受到诗歌内在情绪的剧烈起伏和释放。第一行的"要逃"带有较强力量感，后面的两句"不必……"逐渐释放这一力量感，尤其是第三行的"都吐尽了"分别为一声、三声、四声和轻声，声调在起伏后归于平息，似乎情绪也随之平静。第四行两个重复的"要为敌"和"为敌"，在前面的松弛后骤然收紧节奏，强化力量感，从而巧妙地配合了从"逃"到"为敌"在语意上的递进关系，"他"和外界的对抗性逐渐强化。此后六行均在写"脱掉"，长句与短句错落搭配，力量感和情绪得到释放又被收紧。其中"脱掉了一层皮"的"皮"与"敌"押韵，强化了脱皮的力量感，后面几行逐渐松弛，"长亭短亭""云和水"在语意上也显得轻盈，情绪获得了一种绵延感，及至脱掉骨头一句，情绪再次收束强化。第一节最后五行的"最后一幕""纵身一跃""浑身一颤"和"来了"将力量收紧，尔后"檐""岸"同前面的"颤"押韵，搭配从"跃""颤"到"檐""岸"的语意变化，场景和情绪同时获得松弛感和开阔感。在相对冗长因而也包含较多情绪积累的第一节后，第二节由"他"转写"她"，仅有五行，句式较为松弛。在第一行"只有一句尚未忘记"的紧凑感中，展开对"她"散文化的描写，直至最后的"梁兄，请了/请了——"，"请了"的重复和破折号的作用，使人联想到传统戏剧念白对尾音的拉长，"请了"所包含的相敬如宾之感与念白尾音拉长的凄惨、尖锐感错杂交融，使整首诗的情绪和韵味获得无限蔓延。

对这首诗的解读提醒着写作者，相比简单明确的外部节奏，现代诗的内部节奏能够实现更为精巧细密的效果。虽然自由的节奏流动不居，不受拘束，有时候甚至天马行空，但在成熟的写作者那里，诗歌的节奏起伏能够紧密配合语意，实现语意的递进、反转、延伸等效果。这种节奏与语意的配合，无法像古诗词格律那样被固定为明确的原则和指标，无法通过写作者的机械配置来实现，它是变化不定的，考验写作者的整体能力，在某种程度上是写作者思想和情感自由流动的副产品。前文曾要求写作者始终保持情感的真诚性，正是因为主体情绪的起伏消长将直接作用于诗歌的内部节奏，难以伪造。读者阅读的过程，是发现诗人心灵旋律的过程；写作者写作的过程，是寻找自我心灵、发出自己声音的过程。此外，相比于《采莲曲》中密集的押韵，《前世》在长篇幅中仅有敌、皮押韵和颤、檐、岸押韵，两处押韵并不集中，反而相当松散。对现代诗来说，押韵是一把双刃剑，这既是因为对押韵的过度追求会限制诗歌内容的表达，也是因为密集的押韵会极大损害诗歌的严肃性。如果一首诗的押韵从头押到尾，读者也许只会将其理解为顺口溜、歌谣乃至说唱。现代诗可以完全不押韵，也可以像《前世》那样，将押韵视为刺客的匕首，平时隐而不露，只用在关键时刻和关键部分，以便发挥最大的艺术效果。

2.2 跳跃

对古体诗词来说，形式对称和格律要求是构成其文体的重要特征。对于现代诗来说，这一格式特征不复存在，那么我们凭什么界定某首现代诗是"诗"，而非分行书写的散文？这个问题的答案，或许是"跳跃"，我们也可以称之为蒙太奇。在古体诗词中，早已存在类似的处理方式，只是限于形式，运用起来相对简单。譬如李商隐的《夜雨寄北》："君问归期未有期，巴山夜雨涨秋池。何当共剪西窗烛，却话巴山夜雨时。"由友人的来信跳跃到自己写信时的夜雨场景，又由这一场景跳跃到想象中相见时的画面，过去、当下和未来错杂并置，在呈现诗人曲折情感的同时别有趣味。中国传统绘画同样以"留白"为重要技法，譬如南宋马远的《寒江独钓图》，画面主体仅有一舟一人，并不画出水纹，而是以大片空白呈现江水辽阔，空白所意味的缺失反而成就了画面的深远浩渺。艺术是相通的，现代电影中同样有近似的蒙太奇手法，导演拼接不同画面，操控不同时空，以实现多层次多样态的艺术效果。

现代诗的跳跃与其他艺术形式近似，**实质是在表达中有意省去完整逻辑链条上的一部分，从而带来断裂感和跳跃感**。现代汉语的词汇极为丰富，跳跃的原因之一是避免啰唆，维持诗歌文体自古体诗词以来的简省诗意，以"简"见"丰"，以简洁而获得更丰富的内涵。以黄礼孩《窗下》中的"这里刚下过一场雪/仿佛人间的爱都落到低处"① 为例，原句省略"雪"与"爱""低处"之间的直接逻辑关联，既凸显了表达中最关键的部分，又在跳跃中为读者开辟出联想空间，产生诗意，如若完整表述为"这里刚下过一场雪，雪花像爱一样纯洁美好，它们落下的过程仿佛人间的爱落到了低处"，明显会让人觉得乏味而啰唆。

从接受美学角度看，现代诗中的跳跃和断裂，可以驱动读者自主发挥想象力，补全其中的逻辑。论者常使用格式塔心理学来论证这一

---

① 黄礼孩. 抵押出去的激情. 济南：山东文艺出版社，2016：59.

过程，其主要理论之一是"完形组织法则"，即面对认识到的不完整的、破碎的元素，主体会主动根据自己已有的认知经验，补全断裂，将破碎的元素重新组织为整体，寻找其中的意义。显然，这一补全过程带来的艺术效果，将远远强于平铺直叙。现代诗中好的跳跃能够简省词句，避免啰唆表达，更重要的是可以凭借"完形组织法则"产生多义性和歧义性，在读者心中唤醒无数种可能的意义通道，从而生产出极为深远的诗意和境界，这是现代诗实现丰厚意蕴的关键。

我们来看痖弦的这首《上校》[①]：

> 那纯粹是另一种玫瑰
> 自火焰中诞生
> 在荞麦田里他们遇见最大的会战
> 而他的一条腿诀别于一九四三年
>
> 他曾听到过历史和笑
>
> 什么是不朽呢
> 咳嗽药刮脸刀上月房租如此等等
> 而在妻的缝纫机的零星战斗下
> 他觉得唯一能俘虏他的
> 便是太阳

"那纯粹是另一种玫瑰"，为什么是"另一种"？与其相对的"这一种"玫瑰是什么？我们很容易将"火焰"同"会战"相联系，但"最大的会战"是否就发生于"一九四三年"，上校是否就是在那场会战中诀别了"一条腿"？这个问题的答案并不重要，重要的是这种断裂的、有意破损逻辑的书写方式，强有力地唤醒了读者的注意力。第二节"他曾听到过历史和笑"，"历史"自然是上一节的战争，"笑"

[①] 谢冕.百年新诗：社会卷.天津：百花文艺出版社，2012：164.

是什么呢？是胜利者的"笑"，还是失意者的"自嘲"？"什么是不朽呢"，是否暗示"笑"可能存在一些负面色彩？第三节的"妻"是否暗示我们，上校本应为妻子提供"这一种"玫瑰，也就是象征爱情的玫瑰？而最后"便是太阳"，是指晒晒太阳这样的小事便已经能让他满足，还是另有暗示？关于《上校》的所有疑惑和不解，并不会妨碍读者的阅读，反而会将这首诗对残酷个人命运及惨痛历史的书写深深地刻印入读者的脑海。正如分析所示，断裂和跳跃可以有效地唤醒读者的注意力，读者有时能够自然补全其中的逻辑空缺，有时则不得不陷入困惑，但在"完形组织法则"和探求欲的作用下，读者会将那些断裂纳入内心世界，在意识和潜意识中不断拆解，在意义的多重可能性中漫游。

　　对初学者来说，还需要特别提醒的是，首先，跳跃背后需要合理的逻辑。还是以"这里刚下过一场雪／仿佛人间的爱都落到低处"为例，雪和爱存在明显共通性，诗人不过是省略了中间的比拟过程，并非为了跳跃而跳跃。前面我们强调的"真诚"，又一次表现出重要性：写作者必须保证自己的跳跃合理有效，胡乱跳跃在一时之间或许能唬住读者，但很难经得起仔细推敲。其次，跳跃对读者有一定的要求。并不是所有读者都能轻易领会诗歌中的断裂，这是现代诗被指为晦涩的原因之一。一般情况下，作为写作者要合理控制文本跳跃的程度，避免过于断裂；作为读者则不必执着于搞清楚每一个词句的含义，而是可以将含义不明的表达内化于心中，一是缓缓消化其意蕴，二是借此冲击自己日常表达的语言惯性。作为初学者，要想在诗歌写作中实现有价值的跳跃，可以从两个方面进行训练：一是有意识地在表达中省去某些冗杂的内容，二是训练用意象来表达感情和描摹现实。随着对语言的掌控能力逐渐增长，跳跃就会成为诗歌写作的一种无意识了。

2.3 节奏设置

在"音韵"一节中，我们提到，相比于古体诗词对偶和格律这样的外在节奏要求，现代诗不拘泥于形式，拥有更为复杂精巧的内部节奏。但不再依赖于押韵、格律，并不意味着现代诗的内部节奏可以凭空生成。现代诗依赖分行（长短句）、跨行、语序、重复等细微设置，来实现自身节奏的自由流动。这些设置可以被视为塑造内部节奏的具体方法。

• 分行

分行是现代诗的基本特征。即使是一段普通的文字，分行后也会获得明显的诗意效果。乔纳森·卡勒曾用一段新闻文字来说明分行的作用：

> 昨天在七号公路上
> 一辆汽车
> 以时速一百公里行驶撞上
> 一棵法国梧桐。
> 车内四人全部
> 丧生。①

这首诗若不分行，而是单纯呈现为"昨天在七号公路上，一辆汽车以时速一百公里行驶，撞上一棵法国梧桐。车内四人全部丧生"，则与新闻文字无异。分行割断了句子原本顺畅的意义关联，人为制造出跳跃和断裂效果，生成了一种诗意，用卡勒的话说就是："读者思想上就会有一种完全不同的阅读期待，这一套程式将决定这段文字该如何阅读，从中应该引出什么样的解释。"② 在这种情况下，每行的长

---

① 卡勒. 结构主义诗学. 盛宁, 译. 北京：中国人民大学出版社，2018：187.
② 同①188.

短及其与整个语意单元的长短之间的搭配,将极大地影响断裂感的程度。短句简洁明了,容易产生强有力的节奏感,譬如被闻一多称为"擂鼓诗人"的田间,他的代表作《假使我们不去打仗》正是如此。长句绵延错杂,语意辽阔多元,能够冲击读者思维。譬如昌耀《河床》中的两行"那些马车响着刮木,像奏着迎神的喇叭,登上了我的胸脯。轮子跳动在我鼓囊囊的肌块。/那些裹着冬装的唐古特车夫也伴着他们的辕马谨小慎微地举步,随时准备拽紧握在他们手心的刹绳"①,以极长的句子带给我们浩渺的史诗气势。需要注意的是,不论是长句还是短句,都需要配合写作者的情感、诗歌的语意使用;在同一首诗中搭配使用长短句可以带来更丰富的艺术效果,松紧张弛带来的节奏感远比单一节奏更动人。比如杨庆祥的诗歌《思无邪》②:

很多人饱
我用饿爱你

很多人瘦
我用胖爱你

很多人沉睡
我用失眠爱你

很多人笑
我用忧愁爱你

你有一张多么好看的脸
我用一张不好看的脸爱你

很多人成功了

---

① 昌耀. 昌耀诗文总集. 西宁:青海人民出版社,2000:252.
② 杨庆祥. 世界等于零. 上海:上海文艺出版社,2021:7-8.

> 我用失败爱你
>
> 夜晚的榴莲清晨的芒果耳旁的清风
> 枝头的春花秋月碎碎念念
>
> 我因为爱你而太过失败我用所有事物的反面求证
> 我爱的深寒孤绝亲爱的晚上一起吃点好吃的吧

这首诗的第一、二、三、四、六节都是短句，用对比的方式呈现出一种强烈的节奏，第五、七、八节则是长句，尤其是最后两节，用不分行的长句直抒胸臆，营造出一种控制不住的节奏感，"短-长"之间的切换既带来了情感的冲击，又达到了陌生化的效果。

· 跨行

所谓跨行，指的是将原本完整的句子分割到不同诗行之中，以便产生特殊的艺术效果。跨行依傍现代诗的分行体式而生，在现代诗中极为常见。

跨行首先有对某一部分进行强调的作用。来看下面这两小节：

> 野葵花到了秋天就要被
>   砍下头颅。
> 打她身边走过的人会突然
>   回来。 天色已近黄昏。

以及

> 为忧伤所掩盖的旧事，我
>   替谁又死了一次？

这两节诗均选自蓝蓝的《野葵花》[①]。不论是像第一部分那样将"砍下头颅""回来"放到句首（同时还有句首缩进的存在），还是像

---

① 蓝蓝. 内心生活. 沈阳：春风文艺出版社，1997：93.

第二部分那样将"我"放到句尾,都能强调这些词的存在,也可以赋予它们更强烈的情感力量。

此外,跨行可以有效地制造语言上的断裂感,延迟读者的理解,以拓展诗句的意蕴。对于《野葵花》这样的跨行诗句,读者需要停顿下来,使用更多时间理顺前后搭配,重组句法逻辑,这种停顿和重组的过程也就是诗歌呈现其艺术魅力的过程。

最后,跨行能够作用于诗歌的视觉形象,与语意配合,产生意想不到的效果。譬如伊蕾的《黄果树大瀑布》[①]:

> 白岩石一样砸下来
> 　砸
> 　　下
> 　　　来
> 　　……
>
> 哪怕像这瀑布
> 千年万年被钉在
> 　悬
> 　　崖
> 　　　上

"砸下来""悬崖上"单字成行,呈现出瀑布和悬崖的坠落效果,语意配合视觉形象,极富匠心。

• 语序

在"独特"一小节我们提到,情感、认知上的独特需要超越普遍存在的认知习惯。在诗歌语序上,要实现"独特",同样需要超越寻常语法。正如现代诗在分行、跨行上无拘无束的处理方式,现代诗在

---

① 伊蕾. 伊蕾诗选. 天津:百花文艺出版社,2010:43-44.

语法上同样享有"特权",被其他文体视为语病的句子,在现代诗中可能是惯常的存在。比如余光中《当我死时》中的"当我死时,藏我,在长江与黄河/之间,枕我的头颅,白发盖着黑土"①,前一行将"藏我"提到"在长江与黄河/之间"的前面,使"藏我"这一短句获得极强的力量感和节奏感。后一行的"枕我的头颅"和"白发盖着黑土"似乎是正常语法下的(主)谓宾结构,却通过省略主语、模糊逻辑的方式,生产出足够奇异的歧义。是长江与黄河枕着"我"的头颅,还是"我"的头颅枕着长江与黄河?是"我"的白发覆盖了黑土,还是白发上覆盖着黑土?这是并不需要答案的两个问题。读者可以同时做出的两种理解,扩大了简单诗句的表意空间,极大地丰富了其意蕴。

现代诗的语序使用并无定法,主语、谓语、宾语、定语、状语等等均可易位,写作者完全可以根据需要搭配语意和情感节奏,创造专属于特定情境的诗歌语法。

· **重复**

在中国古体诗词中,经常能看到重章叠句的出现。譬如《诗经》中的《蒹葭》《关雎》等诸多文本,重章叠句的使用生成了循环往复的美感,使它们具有较强的音乐感和节奏感。但现代诗对"重复"提出了更高要求。余光中的《乡愁》极为经典,广为流传,以重章叠句为基本结构,但我们若以现代诗表意的独特性和复杂性来进行衡量,就会觉得其相对呆板而且简单。现代诗同样可以使用重章叠句结构,实现句式的重复规整和表意上的某些强调作用。但为了维持表意的复杂,现代诗一般不会借其强化音乐感,反而会使用一些不规律的句式,冲破重章叠句可能导致的呆板。比如西川的《远方——给阿赫玛托娃》②:

---

① 余光中. 余光中精选集. 北京:北京燕山出版社,2006:37.
② 杨克. 90年代实力诗人诗选. 桂林:漓江出版社,1999:69-70.

有一片梦中的雪野

有一株雪野中的白桦

有一间小屋就要发出洪亮的祈祷

有一块瓦片就要从北极星落下

远方

有一群百姓像白菜一样翠绿

有一壶开水被野兽们喝光

有一只木椅陷入回忆

有一盏台灯代表我照亮

远方

一块玻璃上写满我看不懂的文字

一张白纸上长出大豆和高粱

一张面孔使我停下笔来

再拿起笔时墨水已经冻僵

远方

在树杈间升起了十二月的行云

我灵魂的火车停立于寒冷

在寒冷的道路上我看到我走着

在一个女子的门前我咳嗽了三下

　　整首诗以较为规整的四行诗句夹杂"远方"为基本结构,近似重章叠句,但这种表象的重复和整齐背后是内部的丰富多样。诗中前半部分主体为"有一……"结构,后半部分则转变为"一……"和"在……"结构,有意打破对称结构,特别是后半部分以"再拿起笔时墨水已经冻僵""我灵魂的火车停立于寒冷"两个句子冲破整齐句式，带来自由流动的诗感。如果再仔细地读下去，就会发现即使是那些以统一字词为开头的句子，其句子内部的结构也各有不同，譬如第一节"有一"后面的内容，在语意上逐渐递进，在结构上前两句为定语加宾语，后两句则变为主谓宾。这首诗可以说借用了重叠结构，强化了"远方"的意义感，视觉形象规整，也推进了诗歌内部表意的层层递进，但并未因此影响诗歌的复杂程度，反而使用复杂多样的诗句规避了凝滞和呆板。作为初学者，在自我表达内容有限的情况下，可以学着使用重叠结构作为整首诗的基本结构，但需要有意识地保持句式的丰富和表意的多元，避免简单和呆板。

前面讲的是诗歌整体结构上的"重复"，诗句中同样会出现重复使用语词的情况。安琪的《像杜拉斯一样生活》算是一个较为极端的例子："脑再快些手再快些爱再快些性也再/快些/快些快些再快些快些我的杜拉斯亲爱的杜/拉斯亲爱的亲爱的亲爱的亲爱的亲/爱的。呼——哧——我累了亲爱的杜拉斯我不能/像你一样生活。"① 几句诗中重复使用的"快些"和"亲爱的"强化情绪和节奏上的紧张，"呼——哧——……"紧随其后，以反转引爆情绪积累，实现了极强的艺术效果。写作者可以在诗句中相机使用重复，以产生强调效果和往复节奏，也可以参照安琪的方式产生极强的情绪感和节奏感，但不要忘记像其一样设置情感的宣泄口或反转，否则将显得过于滞重而乏味。

- **标点、空格**

对现代诗来说，标点和空格是非常细微的存在，但这些细微之处的有无变换，足以产生截然不同的效果。直接来读蓝蓝的《野葵花》②：

野葵花到了秋天就要被

---

① 安琪．你无法模仿我的生活：安琪诗选．太原：北岳文艺出版社，2022：38.
② 蓝蓝．内心生活．沈阳：春风文艺出版社，1997：93.

　　　　砍下头颅。
　　打她身边走过的人会突然
　　　　回来。　天色已近黄昏。
　　她的脸　随夕阳化为
　　　　金黄色的烟尘
　　连同整个无边无际的夏天

　　穿越谁？穿越荞麦花似的天边？
　　为忧伤所掩盖的旧事，我
　　　　替谁又死了一次？

　　不真实的野葵花。不真实的
　　　　歌声。
　　扎疼我胸膛的秋风的毒刺

　　在这首诗中，诗行内部起间隔作用的，除了问号，还有空格、逗号和句号。句首空格带来明显的突兀感，句中空格则具有更多缺失感，当读到"回来"和"她的脸"，其后的空格会如楔子般使我们停顿，这一停顿是中止也是延伸，会使"回来"和"她的脸"在空白中获得更多情绪和节奏上的余韵。相比之下，句号具有更明显、更突兀的结束效果。"不真实的野葵花。不真实的/歌声。"前后两个"不真实"在一般的认知习惯中，本应以逗号连接，产生连贯反复效果，诗人用句号将两个偏正结构的短语划分为短句，将它们同后面的"扎疼我胸膛的秋风的毒刺"并列，强化了两个短语的完满度和重要性。逗号是普通句子中最常见的间隔符号，但它在这首诗中，在空格和句号的比较下，似乎反而将"为忧伤所掩盖的旧事"和"我/替谁又死了一次？"紧密粘连起来。这也提醒了写作者，同样的标点符号，在不同的诗歌语境中会产生微妙差别。像前面陈先发《前世》"说：梁兄，请了/请了——"和安琪《像杜拉斯一样生活》"呼——哧——我累了亲爱的杜拉斯我不能/像你一样生活"中的破折号,带来的情绪效果就明显不同。写作者需要根据不同语境,自行试验并拣选合适的标点符号。

现代诗是相对简短的一种文体,这就放大了其每一处节奏安排的意义。作为初学者,建立对现代诗常见节奏安排及效果的认知颇为重要。但必须辩证地理解诗歌写作中"技"与"艺"的关系。诗歌写作需要匠人精神,需要掌握足够的写作技艺,但不能沦为单纯的手工艺人。要从艺术上把控技巧,而不是被技巧把控,成为技巧的附庸。前面已经强调,现代诗与个体的人格、气质、个人心性密切相关。在节奏安排上,写作者需要逐渐形成与个人气质相匹配的声音,形成专属于自我的节奏。这是诗歌写作的最终目标,通往这个目标需要阅读和写作的锻炼过程,但首先需要建立这样一种意识:除分行外,所有节奏安排都可有可无,不使用任何安排方式,同样有可能写出一首好诗。

第三节 语言

3.1 准确和具体

大家或许都对"朦胧诗"有所了解，读过舒婷、北岛、杨炼、顾城等人的作品，甚至可能听说过燕卜逊著名的《含混七型》[1]。那么，既然有"朦胧""含混"的美学追求，本小节为什么要强调"准确"？燕卜逊对"含混"的定义是"任何语义上的差别，不论如何细微，只要它使一句话有可能引起不同反应"[2]，也就是说，所谓"朦胧""含混"是指诗歌通过歧义等方式实现了繁复的美感和丰富的表意空间，这当然是现代诗重要的美学追求。对于这一追求，可以通过表意的模糊不定来实现，只是这可能导致诗歌过于晦涩，失去阅读的美感，成为难以令人信任的智力游戏。比较而言，清晰准确的表达不仅不与"朦胧"冲突，而且能够有力地实现"朦胧"等艺术效果。比如前文提到的卞之琳的《断章》，短短数行，表达清晰简洁，但谁也不能否认其中蕴含着神秘丰韵的滋味。

"朦胧""含混"并非诗歌唯一的美学追求，但不论什么美学追求，都要从基础的经验表达开始实现。在"真诚"一节我们强调，对于现代诗的阅读和评价，不妨以诗人是否真切地传达了什么东西、是否足够真诚为首要标准。而要进行真切的传达，要呈现自我的真诚，首先要依赖准确清晰的表达。这既是一种写作态度，也是一种诗歌语言的基础建构能力。

清晰是准确表达的最低要求，在此基础上的更高要求是达意。大家可能都听说过"推敲"的典故。《诗话总龟》记载，贾岛为确定

---

[1] 又译燕卜荪《朦胧的七种类型》。
[2] 赵毅衡. 重访新批评. 成都：四川文艺出版社，2013：132.

"鸟宿池边树，僧推月下门"一句中使用"推"字还是"敲"字，在驴背上吟咏，还用手反复做推与敲的姿势来揣摩，终于在冲撞韩愈后，确定了"推"字。类似的例子还有从"春风又过江南岸"到"春风又绿江南岸"、从"前村深雪里，昨夜数枝开"到"前村深雪里，昨夜一枝开"的"一字之师"。古典诗人在单个字词的使用上用力颇深，为后来者提供了写作榜样。但需要注意的是，对于更为复杂的现代诗来说，不仅需要单个字词的推敲，还需要句子整体表意的精确，需要全诗整体逻辑的完善。现代诗创作的过程，是寻找合适的语言，以"字词—句子—整首诗"为递进的一种准确表达的过程。

在达意之外，现代诗在字词和句子层面，一个重要的要求（或技巧）是具体。以多多《我读着》[①] 中的一节为例：

> 我读到我父亲曾经短暂地离开过马群
> 一棵小树上挂着他的外衣
> 还有他的袜子，还有隐现的马群中
> 那些苍白的屁股，像剥去肉的
> 牡蛎壳内盛放的女人洗身的肥皂
> 我读到我父亲头油的气味
> 他身上的烟草味
> 还有他的结核，照亮了一匹马的左肺
> 我读到一个男孩子的疑问
> 从一片金色的玉米地里升起
> 我读到在我懂事的年龄
> 晾晒壳粒的红房屋顶开始下雨
> 种麦季节的犁下拖着四条死马的腿
> 马皮像撑开的伞，还有散于四处的马牙

---

① 多多. 多多诗选. 广州：花城出版社，2005：176-177.

我读到一张张被时间带走的脸

我读到我父亲的历史在地下静静腐烂

我父亲身上的蝗虫，正独自存在下去

  哪一句更容易被记住？是"我读到父亲曾离开马群"还是"我读到我父亲曾经短暂地离开过马群/一棵小树上挂着他的外衣/还有他的袜子"，是"马群中的屁股"还是"隐现的马群中/那些苍白的屁股"，是"肥皂"还是"像剥去肉的/牡蛎壳内盛放的女人洗身的肥皂"……大量的修饰语，提供了具体可感的表达，将读者带入诗人塑造的独特情境之中：在阅读和想象中，可以看见同样苍白的屁股，淋到屋顶上的同一场雨，读到同样腐烂的父亲。诗歌由此极为有效地实现了"复杂"和"独特"。这里需要注意的是：首先，追求具体表达的同时需要坚持清晰和达意，不能为了追求描写的丰富性而盲目堆叠修饰语，这样只能制造出混乱和玄虚；其次，具体仅是诗歌语言诸多呈现方式中的一种，不是所有诗歌都像这首《我读着》一样，堆叠着大量冗长的句子，在许多现代诗中，具体准确的表达在精而不在多。

  在诗歌语言的清晰、达意和具体之上，存在一个由形似到神似，如油画写实派的复原到印象派的突出的提升过程。米沃什曾以塞尚为例，论述诗歌语言的描写能力，他说："塞尚不断调整他的画架的位置，画同一棵松树，试图用他的眼睛和心灵吞噬它，穿透它的线条和颜色，因为它的繁复性使他觉得耗之不尽。"这里的"用他的眼睛和心灵吞噬它""穿透它的线条和颜色"，指的是诗人要从日常生活的惯性中跳脱出来，去抓住"隐藏在事物或人物中更深刻、更本质的现实"，这是对诗歌语言的最高追求，也是每一个写作者努力的方向。[1]

3.2 日常语言

  在文学史上，形式主义者曾坚信存在一种和日常语言对立的诗歌

---

[1] 米沃什. 站在人这边：米沃什五十年文选. 黄灿然，译. 桂林：广西师范大学出版社，2019：412.

语言。他们认为日常语言是一种实用语言，主要是为了进行意义传递，而在诗歌语言中，意义被剥除，表达和语言本身能够得到凸显。他们并没有对诗歌语言进行足够清晰的界定，但他们的论述透露出其所谓的诗歌语言具有玄奥、模糊、朦胧等倾向。或许是古典诗词的强大影响力，普通人对诗歌语言往往存有近似的想象：华丽，繁复，齐整，韵律，典雅……这和认为诗人都是"天才"或者"疯子"一样，是一种对诗歌的刻板印象。

下面来读一首完全使用日常语言写成的诗——宇向的《圣洁的一面》①，谁能说这不是一首富有意趣的现代诗呢？

  为了让更多的阳光进来
  整个上午我都在擦洗一块玻璃

  我把它擦得很干净
  干净得好像没有玻璃，好像只剩下空气

  过后我陷进沙发里
  欣赏那一方块充足的阳光

  一只苍蝇飞出去，撞在上面
  一只苍蝇想飞进来，撞在上面
  一些苍蝇想飞进飞出，它们撞在上面

  窗台上几只苍蝇
  扭动着身子在阳光中盲目地挣扎

  我想我的生活和这些苍蝇的生活没有多大区别
  我一直幻想朝向圣洁的一面

在上一小节我们强调，现代诗需要准确，需要清晰、达意和具体

---

① 蔡天新. 现代汉诗100首. 北京：生活·读书·新知三联书店，2007：305-306.

的语言,并非暗示诗歌语言必须繁复细致。这首诗使用日常语言写作,但并不违背清晰、达意和具体的基本要求。前文强调具体仅是诗歌语言的一种呈现方式,就是想表明,在繁复的语言追求之外另有单纯朴素的日常语言一脉。日常语言和繁复语言一样,均追求独特、复杂、智性等呈现效果,或者说均追求所谓的诗歌张力——本章第四节会着重讨论这一问题——两者的不同在于,张力产生的具体单元的大小有所差异。繁复语言借助修饰和隐喻,在句子内部或句子与句子之间生成张力,这是其语言繁复的原因所在,像罗门《流浪人》中的"被海的辽阔整得好累的一条船在港里/他用灯拴自己的影子在咖啡桌的旁边/那是他随身带的一条动物/除了它 娜娜近得比什么都远"①。这样的诗歌,句句存在张力。日常语言的张力效果则往往依赖全诗的表现力,尤其习惯在结尾处凸显张力效果。譬如《圣洁的一面》这首诗,前面五节都在写"我"擦玻璃和观察苍蝇的细微日常,读起来显得寡淡,尤其是第四节写苍蝇的飞来飞去仿佛废话。然而,最后一节"我想我的生活和这些苍蝇的生活没有多大区别/我一直幻想朝向圣洁的一面"陡然拔高了整首诗,"阳光""擦洗玻璃""干净""苍蝇"为结尾对"圣洁的一面"的向往做了充分铺垫。

这一使用日常语言关注日常的写作方式,在国内由"第三代诗人"群体引领风潮。他们提出了"诗到语言为止"的口号,反对故弄玄虚和高度隐喻的诗歌美学,在写作中大量使用口语,贴近日常生活,捕捉细小事件。这里想强调的是,这种使用日常语言的写作方式,同样是诗歌诸种写作方式中的一种。另外,使用日常语言也并非肆意而为,不讲究语言的准确性,如《圣洁的一面》中"过后我陷进沙发里/欣赏那一方块充足的阳光""窗台上几只苍蝇/扭动着身子在阳光中盲目地挣扎"同样清晰、达意而具体,只是并不给人以炫技

---

① 罗门,蓉子.太阳与月亮:罗门 蓉子诗精选.广州:花城出版社,1992:66.

感，而是着重凸显语意本身。就现代诗而言，并不存在一套绝对的语言标准，关键在于实现诗歌的艺术张力，所以一首诗中可以同时存在日常语言和晦涩繁复的语言。在诗歌写作中，最重要的是寻找适合个人气质的语言，表达自己最切身的经验和认知。写作主体与合适的语言间产生的共鸣，将带来出人意料的艺术效果。

3.3 灵感与锤炼

对于诗歌写作中的灵感与锤炼，有不同的理论论述，这里不一一列举。概而言之，灵感往往是偶然的、突发的、难以捉摸的，这个过程可能会带有一点神秘色彩。但事实是并不存在一个借我们之口说话的缪斯，灵感从根本上来自我们自己的潜意识。通过日常持续的阅读、观察和思考，我们的脑海中积累了足够充分的质素，这些质素在潜意识的作用下互相碰撞、拼接、锤炼，就可能在某个瞬间被大脑吐出来，成为直击人心的想法、句子或节奏。这是写作的初始阶段，有了这样一个初始阶段之后，写作者需要用艰苦的劳作"补全"诗歌的整体。这个劳作的过程，同样依赖灵感启发写作者完成某些词句、段落或整体结构。在有这样一个整体认知的前提下，我们就可以稍微具体一点来谈灵感、锤炼以及相关技巧了。

在诗歌写作的初始阶段，对每个诗人的每一首诗而言，灵感起作用的方式各有不同。在有些诗人那里，诗歌从偶得的句子开始，这个句子足够好，所以会写出一首能和它"匹配"的诗；有时候是因为某个场景的启发；有时候是突然得到了一种节奏感；有时候是来自梦境……这些都可以视为灵感发生的过程。

不管先有单个句子还是先有整体构思，从初始到完成，对诗歌写作而言，都是一个自然而然的过程。灵感的到来不可预料，要激发写作灵感，可以有写作习惯，但不能迷信外物的刺激。海明威习惯站着写作，巴尔扎克每天要喝大量咖啡，马克·吐温、卡波特等人则喜欢躺着写作。这类姿态或饮食上的习惯,对于写作具有一定的激发作用,身体可能由此形成写作的条件反射。这些习惯因人而异,不过出于健康和稳定的考虑,写作者可以有意识地培养自己的写作习惯,譬如固定在一天的某个时间段内写作,这样做一开始效果或许并不明显,生产不了多少有用的文字,但如果能坚持下去,大脑就会在特定时间段内开启兴奋模式,顺畅地激发灵感。咖啡、浓茶等外物的刺激具有一定的作用,适量饮酒或许也会有一定作用,但必须保证写作时的清醒和理智。"李白斗酒诗百篇"这样的叙述固然有迷人的浪漫色彩,但我们知道古人饮用的酒度数偏低,而且前面已经强调过,相比古体诗词,现代诗需要更充足的智性加工。诗人、小说家卡佛是著名的酒鬼,一度严重酗酒,但饮酒并不是他写作的助力,反而是严重阻碍,他的作品均完成于清醒时期。他还向写作者提出劝告:"你无法诚实地告诉一个年轻的诗人或小说家,如果想要取得一点成就,他们不仅要用最认真的态度对待写作,还要为此奉献余生。……如果他们足够聪明的话,就会知道那是一种什么样的生活,他们会知道那来之不易;如果他们不够聪明且对自己不够狠,毕业以后他们不会写很久的。"[①] 如其所言,写作需要认真和奉献,需要足够"狠",而绝非一时的迷醉刺激。

所谓的认真、奉献、艰苦劳作等,与锤炼相关,往往发生在诗歌已经因灵感获得一定构思或部分片段的情况下。由局部到整体的过程,最考验耐性,写作者不可能始终都具备遣词造句的灵感,总会卡顿,陷入冥思苦想。这里提供两种实用技巧。**第一种技巧是将所有能够想到的表达都写到纸上**,诸如不同语序下的同一个句子,某个词的所有近义词甚至反义词,所有可能的形容词、名词、动词,等等,然后在其中进行拣选组合。将所有词句落实到纸面上,能够比单纯思考

---

① 舒马赫. 重燃激情:采访雷蒙德·卡佛//金特里,斯塔尔. 雷蒙德·卡佛访谈录. 小二,译. 南京:南京大学出版社,2021:390-391.

更高效地提炼出最合适的表达。**第二种技巧与此截然相反，是故意中止写作，转而去做些别的事情**，但要保持一定的清醒，不能完全忘记自己曾经的思考。当中止写作之后，思考诗歌的潜意识并不会完全中止，随着时间的推移，大脑会在无意中排布出最令人满意的表达。

最后再就锤炼多说两句。锤炼既是写作时遣词造句上的锤炼，也是写作完成后进行的修改，同时是超越单纯一首诗的自我锤炼和发展。写作完成后的修改，指的是在作品完成后放置一段时间，再进行修改和锤炼。这是因为，在写作时，写作者会全身心地浸入作品之中，个人和作品没有了距离，也就难以看清作品的全貌，难以发现问题。放置一段时间，譬如一个月后，再来看作品，就会觉得像是在看别人的东西，自然能有效地品评、鉴别，进行修改。自我锤炼则指的是从更长期的角度用发展的眼光观察自己，不断寻找新的写作方式和写作技巧。许多成名成家的诗人之所以受到诟病，一个重要的原因在于他们失去了创造能力，只能重复自己的写作。初学者不可能从一开始就找到适合自己的写作方式，更需要不断调整自我，打开所有的可能性。

第四节　张力

什么是张力？新批评学派重要成员泰特在《现代世界中的文学家》中给的定义是："诗的张力就是我们在诗中所能找到一切外延力和内涵力的完整的有机体。"① 所谓外延，指的是诗歌语言的**字面义**，内涵则指诗歌语言的**暗示义**。在泰特这里，张力指的是诗歌语言在字面义与丰富内涵间，因矛盾冲突等形成的紧张关系。但从更宽泛的角度看，前文所述的情感、节奏、语言上的种种艺术效果，都可以被视为张力的某种表现，也就是说，**张力是基于诗歌语言所生成的一种特殊的诗歌美学特质**。

4.1　陌生化

陌生化与张力之间存在着密不可分的关系。陌生化一定能够带来张力，张力中往往含有一定程度的陌生化效果。陌生化理论由俄国形式主义语言学家什克洛夫斯基提出，他在《艺术作为手法》一文中有一段经典论述："艺术之所以存在，就是为了使人恢复对生活的感觉，就是为使人感受事物，使石头显出石头的质感。艺术的目的是要人感觉到事物，而不是仅仅知道事物。艺术技巧就是使对象陌生，使形式变得困难，增加感觉的难度和时间长度，**因为感觉过程本身就是审美目的**。"② 这段话可以这样理解，在自古以来的大量书写和个体养成的生活惯性下，人对事物的感受力变得迟钝、麻木，会自动将"举头望明月，低头思故乡"之类的描写联系到"思乡"主题上去，但不会为此感动，更不可能引发思考。而陌生化，就是要通过一定的艺术方式，延缓对于事物的感知，激发人的主动认知和思考，使读者在惊奇

---

① 游光中，黄代璧．中外诗学大辞典．成都：四川辞书出版社，2021：299．
② 王春元．文学原理：作品论．北京：社会科学文献出版社，1989：174．

感中重新理解自我和外部世界。比如在顾城《星月的来由》中,"树枝想去撕裂天空,/却只戳了几个微小的窟窿,/它透出天外的光亮,/人们把它叫做月亮和星星"①,就可以更新对于月亮和星星的认知,让读者在习惯性的物理学认知外,重新感知到星月和天空的关系的可能性。前文"节奏设置"小节提到的分行、跨行、标点等,均可以被视为形式上的陌生化。这里重点论述内容表意上的陌生化。来看冯至的代表诗作《蛇》②:

> 我的寂寞是一条长蛇,
> 静静地没有言语。
> 你万一梦到它时,
> 千万啊,不要悚惧!
>
> 它是我忠诚的侣伴,
> 心里害着热烈的乡思:
> 它想那茂密的草原——
> 你头上的、浓郁的乌丝。
>
> 它月光一般轻轻地
> 从你那儿轻轻走过;
> 它把你的梦境衔了来,
> 像一只绯红的花朵。

在人们的一般认知中,蛇的形象往往恐怖骇人。冯至将自己的寂寞和相思比作蛇,初读使人产生古怪、别扭的感觉,但继续往下读,就会发现诗人巧妙地利用蛇的冰冷、潜行、衔物等特点,写出了恋爱中相思者的孤寂和热望。即使读者深刻地感受到恋人心思的波动起

---

① 顾城. 顾城的诗. 北京:人民文学出版社,2010:1.
② 冯至. 冯至诗文选集. 北京:人民文学出版社,1955:12.

伏，又修正了对于蛇这一意象的传统认知，这就是陌生化带来的效果。冯至的这首《蛇》，和顾城《星月的来由》一样，全诗均基于一个新鲜的比喻或隐喻，只是拥有更多生动而准确的细部填充。对初学者而言，这其实是一种相对简单的写法。在拥有一个足够"陌生化"的好点子之后，围绕其填充扎实可靠的细部，足以生产出一首不错的现代诗。要求更高的则是在诗歌的具体表达中，使用陌生化效果完成富有张力的表达。

在缺乏足够的训练和经验之前，不管是要在诗歌表达中寻找陌生化方式，还是要为整首诗寻找一个陌生化的点子，写作者都可以采取一种简单方法，**即首先将已知的习惯性表达排除，再去寻找写作的可能性**。譬如写月亮，把相思、爱情、纯洁、冷清之类的全部排除之后，想想还能怎么写，这样写出来之后，或许就能像《星月的来由》一样，带有足够的陌生感。**另一种方法是，直接从和描写对象最不相干甚至是截然对立的事物入手**。人类生活的世界非常奇妙，对立的事物往往相反相成，表面的对立背后或许存在千丝万缕的关联。譬如冯至的蛇与相思，在他将二者联系起来之前，读者大概能由《白蛇传》联想到爱情，在他将二者联系在一起之后，读者才发现原来二者可以发掘出那么契合的对应点。要实现陌生化，就要竭力打破认知上的诸种惯性和偏见，在所谓的不可能中发现可能。

4.2 张力生产方式

实现诗歌张力的方式有无数种，这里简要介绍其中最常见的几种。

- **隐喻**

比喻、拟人、夸张、对比、象征等手法广泛存在于各艺术门类中，相当常见，因而不再一一叙述。这里论述极易与比喻混淆的隐喻，二者之间的关系，往往并不容易区分。比喻是最常见的修辞方法之一，是将一个事物（本体）比作另一个事物（喻体），通过二者的相似性，有效、清晰地呈现本体的某些特点，譬如"她笑得像花儿一样""他们的爱情钻石般坚贞""他像兔子一样灵活"，都具有一定的呈现作用。

显然，对现代诗来说，这几个比喻实在太简单。这就需要引入新批评学派意义上的隐喻概念。维姆萨特对此解释说："在理解想象的隐喻时，常要求我们考虑的不是喻体如何说明喻旨，而是当两者被放在一起并相互对照、相互说明时能产生什么意义。"① 也就是说，隐喻并不强调本体与喻体间的共通性，并不是要以后者来说明前者，而是强调两者并置时产生的全新效果。要实现这种"一加一大于二"的效果，需要依循"异质远距"原则，也就是"比喻的两造之间，不但距离越远越好，而且如果它们的联结是完全违反逻辑的逻辑，那就含义更见丰富"②。维姆萨特提供了具体示例："人像野兽般嗥叫"的比喻比"狗像野兽般嗥叫"好，但更好的是"大海像野兽般咆哮"③——当"大海"和"野兽"这样"异质远距"的事物放置在一起的时候，人们的大脑会被唤醒，主动展开想象和联想，寻找二者的深层联系，从而在自己的启悟中，感受到诗歌的深层意蕴和力量。这与前面解说的跳跃和陌生化存在共通性，具体操作方法、注意事项可以相互参照。

· 矛盾

在中国古代文论中，早已存在关于矛盾手法的论述，譬如"正反相形""以乐景写哀情"等。像贾岛的"井底有甘泉，釜中乃空然。我要见白日，雪来塞青天"、宋之问的"近乡情更怯，不敢问来人"等，均是以矛盾情境强化诗歌的艺术效果。相比之下，现代诗中的矛盾手法要复杂一些，依赖更复杂、更多元的对立性因素形成矛盾冲

---

① 赵毅衡. 重访新批评. 成都：四川文艺出版社，2013：117.
② 同①116.
③ 同①115.

突。这首先是呈现自我和外部世界的必然要求——现代世界和现代心灵绝不处于单向前进之中，而是处在不断纠缠、互渗的运动关系里。其次，更复杂的矛盾语境，纠缠、拉伸诗歌的内涵与外延，能够带来更有力的艺术效果。比如穆旦的这首《春》①：

  绿色的火焰在草上摇曳，
  他渴求着拥抱你，花朵。
  反抗着土地，花朵伸出来，
  当暖风吹来烦恼，或者欢乐。
  如果你是醒了，推开窗子，
  看这满园的欲望多么美丽。

  蓝天下，为永远的谜迷惑着的
  是我们二十岁的紧闭的肉体，
  一如那泥土做成的鸟的歌，
  你们被点燃，却无处归依。
  呵，光，影，声，色，都已经赤裸，
  痛苦着，等待伸入新的组合。

  穆旦的这首《春》，意象间充满冲突和对立："火焰"与"绿色"搭配带来的冲突感；"他"对"花朵"渴求的"拥抱"，与"花朵"对"土地"的反抗，呈现出的曲张关系；"暖风"包含的"烦恼"与"欢乐"间的对立；窗子"推开"与肉体"紧闭"间的对峙；"迷惑"包含的主动试探与"紧闭"蕴含的"拒绝"间的对抗；"点燃"获得的激情与"无处归依"无处排解的矛盾；"光，影，声，色"的"赤裸"感官无法得到满足的"痛苦"和强烈渴望。在这七组意象的对立关系下，《春》呈现出青春欲望缠绕、紧绷、对抗的不满足状态，极富艺术张力。当然，对于初学者来说，不建议在一首诗歌

---

① 穆旦.蛇的诱惑.珠海：珠海出版社，1997：61.

中出现如此密集的矛盾意象,但可以有意识地采用矛盾情境增强作品的表现力。

- 反讽

在新批评学派的界定中,反讽意味着不协调的、矛盾的指向在诗中并存,从而形成的复义状态,即"通常互相干扰、冲突、排斥、相互抵消的方面,在诗人手中结合成一个稳定的平衡状态"[①],近似前文论述的矛盾情境。从诗歌语言表达的角度看,反讽是指诗歌字面义与实际意义间存在着一种矛盾、对峙和张力,由此产生幽默、谐趣、讽刺、夸张、揶揄的艺术效果。反讽的方式在诗歌中并无定规,大概来说有这几类:一是反话正说,即用冠冕堂皇的话做肯定表述,实际暗中嘲讽;二是正话反说,即要进行肯定和赞许,反而用揶揄的语气表现出来;三是轻话重说,即夸大事物的状态和程度,产生滑稽、讽刺等效果;四是重话轻说,即克制情绪表达,掩饰主体的感知,实际带给读者极强的情绪感动。初学写作者不妨使用这几种方式来完成一首诗歌,也许会有出其不意的效果。

- 转品

转品也叫转类,是指改变词汇的惯常词性。这种用法在古诗词中并不少见,譬如我们耳熟能详的"春风又绿江南岸""红了樱桃,绿了芭蕉",就是将名词转为动词使用。实词包括名词、动词、形容词、量词、数词、副词、代词几类,其中前三者的转品较为常见,均具有省略缩减作用,使表达简洁生动的同时可以带来一定的陌生化效果。这里分类举例分析。

(1) 名词用作动词

名词本为静态,将其化静为动,可以有效地呈现动态趋向,同时显得俭省有力。譬如安琪的《像杜拉斯一样生活》,"可以满脸再皱纹

---

① 赵毅衡. 重访新批评. 成都:四川文艺出版社,2013:148.

些/牙齿再掉落些"突出了脸部出现皱纹不断衰老的变化过程。

(2) 名词用作形容词

名词指代的对象，具备非常丰富的特征，关联着大量形容词。将其作为形容词使用，实际上是以大量可能的形容词取代了一个固定的形容词。至于究竟要突出名词的哪一部分特征，则依赖语境和读者自己的想象力。譬如尹丽川的《为什么不再舒服一些》，"为什么不再舒服一些呢　嗯　再舒服一些嘛/再温柔一点再泼辣一点再知识分子一点再民间一点"①，究竟怎样才算"再知识分子一点"和"再民间一点"？在朦胧把握"知识分子"和"民间"指向的基础上，读者自可展开丰富的联想。

(3) 动词用作名词

与"名词用作动词"相对应，"动词用作名词"则化动为静，同样俭省有力，但能够强化表达的生动性。如陈东东的《蟾蜍》，"那跳离头盖骨意外住进了/嫦娥子宫的癞蛤蟆诗人/虚空里——不仅蹲坐着一个向往"②，显然这句"虚空里——不仅蹲坐着一个向往"比"不仅在虚空里蹲坐着向往"更加简洁且富有表现力。

(4) 形容词用作名词

形容词用作名词能够将诗人最看重的事物特征直接凸显出来，譬如李亚伟的《中文系》，"在周末啃了干面包之后还要去/啃《地狱》的第八层，直到睡觉/被盖里还感到地狱之火的熊熊"③，以"熊熊"为名词，用"地狱之火的熊熊"取代"熊熊的地狱之火"，突出了火势的盛大，增强了诗句的表现效果。

· 冷抒情

冷抒情强调诗人以客观、平静的姿态面对写作对象，约束情感宣

---

① 伊沙. 现代诗经. 桂林：漓江出版社，2004：274.
② 陈东东. 海神的一夜. 南京：江苏凤凰文艺出版社，2018：247.
③ 同①137.

泄，自 20 世纪 80 年代以来得到了很多写作者的青睐。在亲情、爱情、生死别离这类充满强烈情感的面向上，浪漫主义式泛滥的情感抒发往往使人感到老套乏味。相比之下，冷抒情的表面克制不动声色，却能产生类似欲扬先抑的效果，最大限度地突出情感张力。比如杨庆祥的这首《一生》：

> 最寒冷的十二月已经过去。
> 田野里竖起一座碑。
> 她死于一场风暴，年龄八十
> 有余。
> 她育有七个子女，其中一个
> 夭折，一个死于雷击。
> 其他几个都活了下来。可以
> 一起给她送葬。
> 她的遗愿是葬在先她而亡的
> 丈夫身边，虽然终其一生他们很少
> 说话。那也只能这样继续陪伴下去，
> 在活着和死后，
> 在地狱或天堂。

这首诗写了一个女人的一生，通过寒冷的十二月、夭折和死于雷击的孩子、先她而亡的丈夫等客观描写呈现其一生的坎坷和不幸，以及一种高度地克制着和隐忍着痛苦的感情。由此可见，冷抒情不是不抒情，而是通过冷静刻画，压缩写作者的抒情空间，将情感的共鸣和激荡交由读者自行体味、填充。对初学者来说，冷抒情既是一种表达方式，即以冷静克制的细节捕捉藏匿情感波澜；也是一种情感训练的方法，通过这种训练，写作者可以避免抒情的泛化和空洞，同时可以增加作品的张力和成熟度。

- **拼接组合**

拼接组合指的是超越日常用词习惯，将具有明显距离的词汇拼接在一起，在产生陌生化效果的基础上，产生强烈张力。譬如翟永明的《在古代》，"现在 我往你的邮箱/灌满了群星 它们都是五笔字型"，将"邮箱"与"群星"这样遥远的事物联系到一起，产生了明显的艺术感染力。

黄梵在《意象的帝国》中提出了四种诗句拼接模式①：

（1）A 的 B：在描写现实场景的句子中，将 A 替换为 A 的 B（要求 A 与 B 不搭界），譬如将"我走进山谷"替换为"我走进山谷的耳朵/锅底"。

（2）A 是 B：譬如古巴诗人亚瑟夫的"高粱是一位预言家"，穆旦的"夜晚是烧尽的烟头"，要求 A 与 B 不搭界，"是"可以替换为"像""如""似""等于"等等。

（3）B 解释 A：用事物 B 重新解释事物 A（要求 A 与 B 不搭界），譬如特朗斯特罗姆的"群鸟掠过大海竖起的头发"用"竖起的毛发"重新解释海浪，诗人李敏勇的"飞越国界的候鸟群/不必持有护照"用"不必持有护照"重新解释鸟群可以四处飞行。

（4）让 A 做 A 做不到的事：譬如特朗斯特罗姆的"音乐厅里响起一个国家""那里，石头比露珠还轻"，西渡的"银河在解冻。像一只/纸扎的筏子，月亮在渡河"，均超越现实的语言逻辑，从而焕发诗意。

黄梵的四种拼接模式，为初学写作者提供了非常具体的模仿和练习模式。但需要注意，词语拼接的张力生产方式与隐喻及矛盾方式存在重合。黄梵的四种拼接模式，均可以被命名为隐喻或矛盾情境。在初始阶段，写作者可以经由这些模式展开写作，但需要明确，所谓模

---

① 黄梵.意象的帝国：诗的写作课.桂林：广西师范大学出版社，2021：122-137.

式仅是可供因袭的技术路径，如果要走向更成熟的写作，需要设置更高的要求：一是要从隐喻和矛盾情境的层次来理解拼接产生张力的原理和效果；二是要从个人感受的激发开始写作，从具体表达的需要开启对拼接的应用，而不是沦为技巧的附庸。

4.3 个人化

本章从情感、节奏、语言和张力四方面展开对诗歌写作的论述，呈现了诗歌写作的复杂技巧和面向。正如本书反复强调的，成熟的写作者并非面面俱到，而是会依靠个人气质有所拣选，形成个人化的风格。这种个人化风格，从诗歌写作的某个或某几个面向发力，可以是个人化的意象系统，比如海子诗中反复出现的太阳、麦地、黑暗、死亡；可以是个人化的写作对象，比如于坚对日常生活瞬间的精准捕捉；也可以是一种语言风格，比如"第三代诗人"的口语化实验；等等。

之所以一再强调写作者探索、建构自己的个人风格，一是因为找到个人风格，就意味着找到了可以持续耕耘的园地，能够保证诗歌写作的稳定性和持续性，这样才能在不断开掘中走向深刻。二是因为诗歌文体较为简短，每首诗仅能呈现诗人所思所想的部分片段，只有风格化的大量作品才能不断发展并呈现诗人的思想系统。同时，风格化作品间的彼此呼应可以提升单首诗歌的境界，也有助于读者对单首诗歌的理解。这或许是当代写作中组诗较为常见的原因之一。三是从传播的角度看，鲜明的个人风格意味着较高的辨识度，能够给读者留下持续的印象。

寻找贴近自我生命的个人风格，一方面可以从广泛但不必深刻的阅读开始。通过对大量诗人的大量作品的阅读，写作者才能发现自己究竟喜欢日常化的语言风格还是繁复堆叠的语句，究竟偏好对生活瞬间的刻画描摹还是对抽象事物的智性省思。在找到偏好的写作风格后，则需要精读细读相关诗人作品，体味其写作的具体方式和技巧，模仿其书写方式，或为自己的写作积累质素。另一方面，则是自我人格的训练。个人风格最能呈现个体的思考和认知，最考验个人心性。很多时候，一首好诗足以让人体会到诗人的人格魅力。这种心性是阅读写作综合训练的结果，也与人生的自然沉淀有关。对初学者而言，需要以足够开放的态度拥抱生活，进行持续不断的经历、观察和思考。这是一种对于自我的教育。在拥有足够"高级"的个人气质之后，写作者才能调动积累的技巧和方法，建构出具备足够魅力的个人诗歌风格。

第四章 散文写作

- ◆ 第一节　文体
- ◆ 第二节　立意
- ◆ 第三节　描写
- ◆ 第四节　智性

相对来说，散文是一种非常通用和普遍的文体。一个人可能从来没有写过小说、诗歌和戏剧，但一定或多或少进行过散文写作。在学历教育阶段接受的写作训练和表达，如记叙文、议论文、说明文等，都属于宽泛意义上的散文。因此，散文写作一方面有很常见的写作套路和方法，与诗歌的神秘性相比，它显得特别世俗化；另一方面，也因为这种世俗化，导致散文写作门槛很低，但也很难写出杰作。本章将从文体、立意、描写、智性四个方面展开论述，为写作者提供一幅简洁可行的散文写作的方法图谱。

第一节 文体

1.1 概念界说

在中国古代文学传统中，散文是与骈文、韵文相对的文类，大致上是指骈文辞赋、诗歌词曲之外的散体文字。在广义上，五四以来的现代散文是指与诗歌、小说、戏剧并列的一种文类，这种初步划定的"散文"概念，实际上是一种排除法的定义方式，暗示着"散文"文类边界模糊性的同时也指向广阔的文学领域。在诗歌、小说、戏剧之外的一个文类是散文，但散文具体包含哪些**文体**①呢？要想进一步划分散文，需要从不同的角度来看。

首先可以根据实用性和文学性来划分。有一类散文原本是应用文体或者说产生于实用性的活动，比如古代的表、书、碑铭、祭文、家书，现代的日记、书信、倡议书等，但同时又兼具了文学性。例如，为了实用目的写的《出师表》《陈情表》本是上奏公文，因为言辞生动恳切、情感真挚而具有文学感染力；张溥的《五人墓碑记》夹叙夹议，慷慨激昂；韩愈的《祭十二郎文》深情追忆，曲折哀婉。可见，从实用文体到文学文体之间并非界限分明。另一类散文则不是通常意义上的实用文体，而是文学文体，比如被称作杂文、小品文、美文、随笔、艺术散文等的文章。从这个分类角度来说，本章主要讨论的是文学散文而非实用散文。

不过，什么样的散文算是有"文学性"呢？"文学性"本身是一个有弹性的宽泛的概念，而不是一个清晰明确的判断标准。围绕"文

---

① 在不同研究者那里，对"文类""文体"的区分会存在差异。参考陈平原在《中国散文小说史》中的划分，本章对于"文类""文体"稍做区分：以"文类"或"体裁"作为第一级分类，如小说、诗歌、戏剧都是文类；以"文体"（如杂文、小品文、游记）或"类型"（如记叙散文、议论散文、抒情散文）作为第二级分类。

学性",常有研究者把对散文的讨论集中于"美文",或者说"最典型的散文文本"——"既不偏重纪实或叙述,也不偏重议论,而是以抒情为主、非常注重文学性的、较为短小的散文作品"[①]。

又有论者倾向于缩小散文的范畴,甚至提议将报告文学和史传文学(叙事散文)、杂文和随笔(议论散文)以及大量的实用文体都从"散文"中剥离出去,只留下抒情散文、自传、游记、散文诗等,作为"艺术散文"。这种观念有些失之狭隘,而且在面对具体文本时往往缺乏可操作性——比如叙事散文、议论散文、抒情散文是按照表达方式大致划分的,实际中很多散文是两种或三种表达兼而有之。

换个角度来看,很多研究者习惯把"美文"或"艺术散文"划分出来,是因为追加了相应的条件。就像王鼎钧理解的,散文虽然包罗甚广,但如果提出"用文字表现意象"这样的定义,就会使散文的范围缩小——常见的议论文是不透过意象的,一般记叙文只有零星的意象,所以,抒情和写景的散文就成了散文的核心部分。[②]

1.2 文类边界

·有"大体"而无"定体"

诗歌、散文、小说、戏剧之间并不是截然可分的。一方面,各种文类或文体有内在的审美规定性;另一方面,像散文诗、散文小说、诗剧等文体的出现,以及关于什么是诗、什么是散文的争论,都说明没有放诸四海而皆准、校诸古今而皆通的"散文"或"小说"概念。对于文类和文体的边界问题,陈平原曾引用《濠南遗老集》中的妙语"或问文章有体乎?曰:无。又问无体乎?曰:有。然则果何如?曰:定体则无,大体须有"来说明,有"大体"而无"定体"是一种比较

[①] 葛红兵,许道军. 大学创意写作:文学写作篇. 北京:中国人民大学出版社,2017:136.

[②] 王鼎钧. 文学种子. 北京:生活·读书·新知三联书店,2014:71.

恰当的理解，它既针对不同文体间有时相当模糊的边界，也指向同一文体在不同时代可能相当激烈的变异。当然，这并不等于完全否定文类研究的价值。划分文类的主要目的，如陈平原所总结的："一是出于图书分类与总集编纂的需要，二是建立标准以便展开深入细致的批评，三是使得学文者能够尽快掌握基本技巧。"①

对于写作者来说，文类（体裁）道出了内容与形式的关联，选择合适的形式能够恰当地表现内容。对于散文、诗歌、小说、剧本四种体裁，"为了便于观摩学习，必须夸张四者相异之点，寻求它们个别的特色。这以后，层楼更上，作家当然有不落窠臼的自由，兼采众体的自由，但是这以前，应该先熟悉'窠臼'和'众体'是什么，做'拾阶而升'的阶石"②。

- **与非虚构文学的关系**

对于"散文"和"非虚构文学"这两个概念，由于它们各自的定义和边界本身是模糊的，所以关于两者的关系也没有定论：可以说散文包含在非虚构文学中，也可以说两者有很多交集。但有一部分散文通常不会被视为非虚构文学，比如一些小品文、美文、杂感，一些长篇非虚构文学通常也不被视为散文。同时，散文可以被视为非虚构写作中的一类，并且题材十分广泛，从文化评论、社论、游记到人物传记和回忆录等等。一部长篇非虚构作品，它的章节可以看作是由不同篇幅的散文组成的，或者说散文构成了长篇非虚构作品的基本单元。

例如，1999年迈克·斯坦伯格创办了期刊《第四种类型》，这里的"第四种类型"——在小说、诗歌、剧本这三种已经被认可为正统的文类之外——是指非虚构文学，而非散文。《第四种类型》2000年的文章《对非虚构文学创作的定义》写道："这种文体写的就是作者

---

① 陈平原. 中国散文小说史. 上海：上海人民出版社，2014：1-2.
② 王鼎钧. 文学种子. 北京：生活·读书·新知三联书店，2014：68.

自身：自我成为根基，作家就是他自己的第一个探索者。但是非虚构文学创作从来不是为自我服务的；相反，它面向的是不断拓展的世界，在那里，作家需要对自己的文字负责。"①

面向外部世界、对自己的文字负责——这种特征显示了非虚构文学的公共性和它与现实读者的关联。相比较来说，散文不一定太强调公共性，比如当下一些专栏作家或博主，通过分享私人化的日常内容（如情感、教育、家居、时尚话题）的方式或姿态，吸引对这些生活指南感兴趣的读者。

顺便提一下散文和虚构文学（比如小说）之间的关系。"故事没必要为读者留下一个真相，但是随笔却不同。"② 也就是说，随笔并不是一种伪装起来的小说，小说也不是一种伪随笔。关于散文与虚构的关系，在后面讨论散文的"真实性"问题时，会进一步展开。

1.3 "反文类"

散文可以说是一种"反文类"的文类。早在 20 世纪 40 年代，叶圣陶就曾经这样定义散文："除去小说、诗歌、戏剧之外，都是散文。"③ 这是一种典型的否定性的界定方式，这种定义方式与四大文类（散文、小说、诗歌、戏剧）并举的方式并不算冲突，不过相比之下，它突出了散文内涵的模糊不定。正如南帆所言，把诸多具有瓦解文类功能的边缘性文体笼统地归为散文，显示出的悖论就是"散文这一文类的文类瓦解功能"④。统一尺度的阙如使得进一步的分类无从进行，所以"文类尺度的撤离几乎使个体特征成为唯一的依据"⑤。在这个意

---

① 蒂贝尔吉安. 一年通往作家路：提高写作技巧的 12 堂课. 李琳，译. 北京：中国人民大学出版社，2013：17.
② 同①20.
③ 叶圣陶，朱自清，唐弢. 答编者问：关于散文写作. 文艺知识连丛，1947（7）.
④ 南帆. 文类与散文. 文学评论，1994（4）.
⑤ 同④.

义上，散文含有反文类倾向，使文类规则的约束力大为削减。如果与其他文类相联系，散文可以视为其他文类能够汇合、交流、重组的缓冲地带。①

因此，散文写作不必拘泥于文类/文体。比如前面讲到，按照表达方式可以把散文分为记叙散文、抒情散文和议论散文，这样的划分只是相对的，在研究或者讲解散文时便于指称和说明。在实际创作中，叙事、抒情和议论往往是有机结合的，夹叙夹议、情景交融的例句不胜枚举。**所以写作者在动笔前，不必纠结或者预设自己要写什么种类的散文，而且在写作中，可以探索散文文体的更多可能性。**文体的互相渗透，在现代中国散文发展的许多时期都有突出的表现。这主要是因为散文文类的开放性，以及文体自由给个人笔调留下的空间，比如沈从文、丰子恺、孙犁散文的小说化倾向，又如结合了诗歌表现技巧和散文描述的散文诗，等等。今天的写作者需要意识到，模糊的边界和多样的文体形式使散文具有了极大的可塑性，这也是最能激发写作者热情的地方。

---

① 南帆. 文类与散文. 文学评论，1994（4）.

第二节 立意

一般来说，立意会在写作之前产生，当然也不排除一边写一边立意的可能。立意的所指十分宽泛。粗略地说，立意既可以是散文想表达的主题、中心思想或者意图，同时也包括以什么样的方式来实现这种表达意图。立意是使散文"形散神不散"的核心要素，是决定如何以事例来说明某个道理，或者在某种预设下推演可能发生的情形。在叙事性散文中，与小说、剧本类似，立意也可以是"一个引人入胜的假设性问题"①。

为了确定立意，可以尝试一些方法。比如选取比较能引起共鸣的生活体验或瞬间，以小人物的故事勾连时代大事件；选择贴近个人经验的题材，直抒胸臆；不预设某种主题和风格，张扬个性；考量散文关于"真实性"的契约和写作伦理；在表达态度、志趣时，可以含蓄蕴藉，可以以小见大，避免空洞的说教。

2.1 想法、预设和主题

当我们试图定义"立意"的时候，很容易想起一些相似的说法，比如**想法**、**预设**和**主题**，人们也经常将这些说法混用。有时候这种混用无伤大雅，但如果想要深入理解创作的一般模式和法则，还是有必要做一些辨析。

关于"想法"，在故事创作中，拉里·布鲁克斯认为"立意是已经演化到让故事成为可能的想法"②，"想法向来是立意的子部分，而立意则是预设的子部分"③。典型来说，"想写一个关于×××的故事"

---

① 布鲁克斯. 故事工程：掌握成功写作的六大核心技能. 刘在良，译. 北京：中国人民大学出版社，2014：33-37.
② 同①26.
③ 同①28.

就是想法,比如,一个关于太平洋的首位发现者的故事。而进一步的"如果……将会怎样?"就是立意,比如,如果这个发现太平洋的人原本是被通缉的罪犯,他的勇气和功绩能够为他减轻罪名吗?

由于散文有丰富的文体样态,并不都是讲故事,所以在讨论散文写作时,往往要根据具体情况来分析。其一,预设对立意的进一步延伸和丰富,这主要在叙事性散文里比较明显,在议论说理、状物抒情类的散文里则不是很有效的区分角度。其二,产生一个想法,这通常属于形成立意的初始阶段,想法需要进一步和其他的构思——比如特定的问题意识、文章结构、引用什么例子、用什么典型事例作为进一步论述的入口,等等——结合起来。想法可大可小,它只是立意的一部分,并且需要从初步的想法发展到更具体的想法。当然,立意也可以在写作过程中被继续修改加工。其三,主题不等于立意,不过两者的关系没有一定之论。可以说,主题是散文立意的重要组成元素。一般来说,立意和主题都能给文本带来意义、情感和启迪。在故事中,主题可以说是"故事所讲的内容,以及它是如何与现实生活相关联的"[①]——所谓将内容与现实生活相关联,这一点也适用于散文的主题,比如季羡林《牛棚杂忆》对"文革"的反思,刘亮程《一个人的村庄》呈现人在乡村中孤独诗意的生存。

主题是恒久普遍的,立意也不必强求翻新。就像现代人拥有许多共通的生命体验一样(儿时听了吓人的故事会害怕;青春期第一次关注到某个异性;意识到父母老去,自己开始变得成熟),许多叙事作品的主题也是经久不衰的,具有恒久的吸引力,比如已经被谈论过无数次甚至有些陈词滥调的关键词:远行、思乡、探险、暗恋、一见钟情、旅途的艳遇、与父辈的对抗与和解、获得新的身份、神秘的外来

[①] 布鲁克斯.故事工程:掌握成功写作的六大核心技能.刘在良,译.北京:中国人民大学出版社,2014:114.

者……然而词句层面的陈词滥调，并没有削弱它们所关联的故事主题的稳定性。乔恩·弗兰克林提示我们，"在观念层面，陈词滥调经历蜕变，变成了永恒真理"；反过来，新颖或小众的主题却可能缺少最重要的故事要素——普遍性。①

考虑到立意和主题密切相关，讲究立意也并不意味着一定要翻出新意、"发前人之所未发"，或是提出颠覆性的论调。立意不那么新颖深刻也没关系，能充分发挥作用即可，比如鲁迅的《阿长与山海经》只是回忆儿时和保姆相处的一些日常，依然诙谐而温情，具有强烈的艺术感染力。

2.2　触发点

成熟的写作者自然有一套立意的方式方法，但是对于初学者来说，触发立意或者说寻找立意却并非那么水到渠成。特别需要提醒的是，确定立意不等于主题先行、概念先行。最好是基于所处理的素材，从中寻找和提取，要避免把某个预设的立意、主题生硬地往素材上套，甚至为了迎合预设的主题而随意删改素材。下面提供几条寻找立意的可能路径。

- **用一句话来陈述主题**

即使对于初学者来说，大致确定要写的内容也不是难事——这里是指梳理出基本的要素，通常包括时间、地点、人物、事件的经过……接下来，不是把"意义"先行代入内容，而是根据内容总结出一个主题，把它用一句话写下来，再围绕主题组织内容。用一句话来陈述主题，是经过许多编剧和写作指导者验证过的方法。具体来说，是用什么样的一句话呢？罗伯特·麦基这样提示："真正的主题并不

---

① 哈特.故事技巧：叙事性非虚构文学创作指南.叶青，曾轶峰，译.北京：中国人民大学出版社，2012：144.

是一个词，而是一个句子——一个能够表达故事不可磨灭意义的明白而连贯的句子。"① 这样的句子要包含关键信息，能够清晰表意，必须包含动词。使用句子而非关键词来陈述的主题，和立意是高度契合的，因为立意通常也是用一个句子来陈述，尤其是那种包含限定条件或假设的问句，很多时候可以精简为"如果……将会怎样？"的问题。"因为一个好问题往往需要答案，而这个答案就是你自己的故事。"②比如史铁生《秋天的怀念》的立意可以概括为：一个年轻时不幸瘫痪的人，会如何回忆母亲在生活中呵护他的自尊和希望？这种陈述立意的假设问句，在小说和戏剧里有更广泛的应用，比如果戈理的《钦差大臣》可以概括为：在一个上下腐败、崇拜官位的环境中，一个冒充钦差的人会得到什么样的待遇？

早期的"知乎"论坛上常用"……是一种怎样的体验？"之类的句式提问，经常会引来留言者分享自身经历。类似的提问里，可能就有触碰到写作者内心深处的问题。如果这些问题恰恰是让写作者感到困惑、尴尬、迷惘、怀疑的，例如"偶然发现某位严肃的长辈的婚外恋""突然交了好运，却使昔日的朋友逐渐疏远""某事让你意识到父母一直更偏爱哥哥""长期照顾年迈卧病的父母的苦处""青春期一直体形肥胖""女儿作为二代移民，对我提起的祖籍已经毫无兴趣"等等，这个时候，一篇散文的立意可能就被唤醒了。作家兼新闻学教授马德琳·布莱斯就曾建议学生们写下类似的问题以及由它们触发的感受，并尽可能详细地写出回答，这就可能成为下一篇文章甚至下一本书的主题。③

---

① 麦基.故事：材质、结构、风格和银幕剧作的原理.周铁东，译.北京：中国电影出版社，2001：137.
② 布鲁克斯.故事工程：掌握成功写作的六大核心技能.刘在良，译.北京：中国人民大学出版社，2014：37.
③ 艾利斯.开始写吧！：非虚构文学创作.刁克利，译注.北京：中国人民大学出版社，2011：46-47.

· 关注"十五分钟时刻"

艺术家安迪·沃霍尔的名言"未来每个人都有可能在十五分钟内成名"如今广为人知,这句话预测了在传播媒介多样化的时代,普通人在消费、娱乐、思考上所获得的自主性与被裹挟的可能。生活在互联网时代的你我,只要稍加联系自己的见闻或亲身经历,一段几十秒的"抖音"视频便可能引来巨大流量,就能验证这种情形。

考虑到人们的注意力投放和传播学规律,散文所提供的内容也可以发掘这方面的题材:普通人与名人、大人物的偶然交集,自己与某个重大新闻事件之间的联系,自己在众人面前的某个高光时刻或者出丑的"社死"经历……回顾那个时刻,把它写下来,评估它的特殊意义、它对自己当时和现在的影响,但要避免直接解释这些内容,而要通过生活场景和细节去呈现出来。这样的时刻对当事人来说很难忘,也容易吸引读者,因为其中蕴含着戏剧性、失控、巧合或机遇——特别是因此影响之后的人生轨迹,会让人不由得感叹机遇的力量、广远微妙的因果律与自由意志之间的复杂关系。记述这样的时刻,也是把私人经验带到公共舞台上,写作者能够从旁观者的视角给公众人物或事件增加细节和背景,从而为大众的记忆和认知提供一块具体的拼图。

· 如何吸引读者

相对于那些面向小说或戏剧的新人作家扶持计划,散文在纯文学刊物公开发表的渠道相对要少,没有专业头衔的作者,结集出版图书则更加困难;同时,在文化市场上,散文通常也不像小说能因其消遣性而赢得更多读者和市场——一些成名已早或者有固定市场的作者除外。所以写散文,自娱自乐是一回事,如果想吸引更多读者来读,那么在立意之初就要有所思考。

张中行曾谈到写怀念人事的散文与谈人生问题的散文的区别,表露了自己对后者的审慎:"前者是篱下闲谈,无论所谈是人,或地,或事,我表示怀念,可以说都是自己的私事,听者(假定肯听)认为值得也罢,不值得也罢,无妨都看做'吹皱一池春水,干卿底事';谈人生就不同,无论如何委婉,总要走说教的路,即向人表明,立身处世,应该如何如何,至少是最好如何如何,这显然就是自以为是,甚至自以为高,真是太狂妄了。"[1]张爱玲则在《论写作》中坦言:"我们的学校教育却极力地警告我们,作文的时候最忌自说自话,时时刻刻都得顾及读者的反应。这样究竟较为安全,除非我们确实知道自己是例外的旷世奇才。要迎合读者的心理,办法不外这两条:(一)说人家所要说的,(二)说人家所要听的。"[2]

对写作者来说,在立意之初就考虑到读者的感受,站在读者的角度想问题,对行文的语气、口吻、风格自然也就会有所考量。初学者尤其切忌骄傲自满,以一种教育别人的口吻行文。放低姿态,体贴他人,这样的立意和书写自然能够得到读者的认可。

2.3 题材、结构和个性

写作者在确定立意之后,面临的首要问题是:你想写一篇什么样的散文?这就涉及题材选择、结构章法以及如何呈现自我个性等种种问题。

首先,什么题材比较适合写散文?散文的题材包罗万象,这里借用作家王鼎钧的思路,举出几类容易练习的散文题材。

(1) **情感抒发类**。一般指情感非常强烈,需要直抒胸臆、滔滔直泻的情况,就像林觉民起义诀别前夜的《与妻书》、鲁迅痛感青年牺牲的《纪念刘和珍君》。或者是写作者对生活中的某些经验的书写,只想忠实地记下,不愿再加以变造,理由也许是心存虔敬,也许是"那经验本身

---

[1] 张中行. 张中行散文精品集:人生卷. 哈尔滨:北方文艺出版社,2011:1.
[2] 张爱玲. 张爱玲典藏全集 8:散文卷一. 台北:皇冠文化出版有限公司,2001:233-234.

已经够美，不必再用文学手段去无中生有，如《核舟记》"①。

（2）**日常经验类**。像"去年今日此门中，人面桃花相映红。人面不知何处去，桃花依旧笑春风"，以及"床前明月光，疑是地上霜。举头望明月，低头思故乡"，都是接近散文的诗，写的是生活化的经验，不需要用曲折经历和复杂关系去拓展填充，但平淡中也能品出一番滋味。就像鲁迅所言，"有了小感触，就写些短文……得到较整齐的材料，则还是做短篇小说"②。汪曾祺写自己所知的一些花鸟虫鱼、地方菜、饮茶听戏的作品也可以归入此类。

（3）**碎片化思考类**。让人印象深刻的瞬间场景、刹那间的所思所想，**不适合放进小说**或者其他体裁中，就可以用散文来书写。毕竟"小说戏剧都有模式，作者在大模式中求变化，填不满模式的题材不能用，散文似乎没有这个共同的大模式，它没有定形，由作者随意赋形"③。这就引出了下一个论题：散文需要特别考究结构吗？

散文可以特别考究结构，也可以不必。前者如余光中的《听听那冷雨》，描摹在不同的空间里看、嗅、听雨，兼以"听雨"的关键词串起全文，咏叹往复；后者如鲁迅的《灯下漫笔》，被称为"杂文版《狂人日记》"，主要是漫谈历史的形式。就像王鼎钧所言，"不必"是散文的特权，非小说或剧本可效法。古人说写文章是"行云流水"，是"无心插柳柳成荫"，也只有散文当得起。即使考究结构，散文的结构也比小说剧本要简单，散文通常并不是以结构来吸引人。④ 但不考究结构并不是说散文没有结构，只是说这种结构没有小说、诗歌那么形式化，散文的结构可能多是一种"羚羊挂角"似的存在。比如考虑到散文的叙述视角和非虚构性，一种比较容易采用的结构是经典的

---

① 王鼎钧. 文学种子. 北京：生活·读书·新知三联书店，2014：117.
② 鲁迅.《自选集》自序//鲁迅全集：第4卷. 北京：人民文学出版社，2005：469.
③ 同①119.
④ 同①69.

"三段式"：起因—经过—结果、触发—冲突—解决……三段式结构能提供完整的因果关系，引人入胜，符合人的认知习惯和记忆规律。当然，在整篇文章里可以用不止一种方式展开内容，除了三段式，也可以通过倒叙、插叙或者高度概括的转述，着重讲故事的一部分，一笔带过其他的部分。比如杨绛的《老王》只是简略地述及"我"和老王的相识交往，对老王的身世遭遇也没有过多交代，而是着重讲述老王最后一次来"我"家送东西的场景："我在家听到打门，开门看见老王直僵僵地镶嵌在门框里。……看他直着脚一级一级下楼去"[1]。作为追忆中的最后一面，老王在贫困中保持的善良实诚和"我"略带疏离的同情视角，都于此凸显，让人唏嘘。这种结构和小说很接近，在第一章"小说写作"里对此有更详细的论述，完全可以用来参考。

　　无论是立意、题材还是结构，都要有一种个性化的意识，只有具有独特个性的作品，才能给人留下深刻的印象。与其他文体相比，散文可以更直接地表达态度，张扬个性。从不同文学体裁的虚构契约来说，散文里的"我"指向的是写作者本人，而小说里的"我"是故事中的人物之一或者充其量是写作者的"代理人"。所以，如果说小说、剧本通过叙述者来叙事，那么写作者就是通过人物、情节来间接地表达观点——尽管如此，小说家往往也难以在作品里完全掩饰自己的情感好恶，因而许多小说在不同程度上会成为写作者的自述传。由于写作者与叙述者的同一，散文就更加容易显现出写作者的性情、学识、思想、审美。比如对社会问题发表看法的杂文，能反映写作者的观念和价值取向；写人记事的叙事性散文，容易显示写作者的情感意图和审美能力。

　　直接表达不仅意味着直陈观点，更在于"将自己的个人底人格的色采，浓厚地表现出来"[2]，这是鲁迅翻译的文艺论集《出了象牙之

---

[1] 杨绛. 杨绛全集：散文卷. 北京：人民文学出版社，2014：178.
[2] 鲁迅. 鲁迅全集：第13卷. 广州：花城出版社，2021：82.

塔》中对于 essay 这类文章张扬自我的期许。今天的散文有灵活自由的文体，集叙事、抒情、说理于一体，写作者可以在这一块园地中张扬个人的风格，"不为格套所拘，不为章法所役"。这也是因为五四文学革命以来，小说这一文类被赋予了更多宣传和社会动员的重任，传统文学中作为"经世致用""经国之大业"的那类散文就从中心位置退居到了边缘。就像陈平原分析的，因为减轻了"载道"的重担，现代散文才更能展现个性和多元风格，比如鲁迅战斗的杂感、周作人闲适的小品、朱自清自然醇厚的散文、何其芳《画梦录》中"诗人的散文"、沈从文取法小说的散文……① 展现个性，需要写作者有意识地"耕耘自己的园地"。很多人在习作阶段会阅读和模仿一些名家的散文，这固然是一种有效的练习方式，但要注意，不能像对待菜谱、药方一样亦步亦趋地模仿，比如写枣树就去模仿鲁迅，写荷塘就去模仿朱自清，写山茶就去模仿杨朔……这样不仅写法上缺少新意，而且容易和当下生活的语境产生隔阂。能进得去，也能出得来，这才是好的练习方式。

2.4 "真实性"

散文的感染力未必来自立意求新、结构奇巧，但说真话、抒真情是重要的，像归有光在《项脊轩志》中回忆与妻子相处的点滴，是平淡之中见真情的典范。不过，对写作者来说，"抒真情""真情实感"之类的提倡有一定的主观性和模糊性，最多是一种宽泛的写作伦理，很多时候是仰仗写作者的真诚而无从验证。从这个意义上看，我们也就可以理解为什么杜甫说"文章千古事，得失寸心知"。

考虑到"真实性"是来自散文的写作伦理和文体规范的要求，一些研究者认为虚构了叙述者的作品不能算散文："由于散文这种文体的实用性，在一个以自我为中心的实用的叙事活动中，必然要求文体

---

① 陈平原. 中国散文小说史. 上海：上海人民出版社，2014：212-214.

的个性化与真实性……在小说中，叙述者是作者虚构的产物，作者与叙述者是可以切割的，而散文则否，作者就是叙述者，散文与小说的区别就在于此。这既是叙事理论对文体的规范，也是实用文体的本质要求——作者与读者之间的社会契约。"① 也有人不主张对"真实性"问题做严格的要求。比如创意写作研究者热尼·布利曾谈到这样一起美国出版界的争议案件：美国作家詹姆斯·弗雷以浪子回头的身份写了自传《岁月如沙》，他在书中大讲自己年轻时如何行为不端、酗酒吸毒、坐牢袭警，后来又如何痛改前非、洗心革面。此书被选为欧普拉读书俱乐部的推荐图书，畅销300万册，但很快被人揭发其内容大量造假，从而引发了公众的批评。基于这样的争议案件，热尼·布利认为散文写作可以挣脱"事实"的束缚，"艺术家可以打破这些规则，不必向任何人解释这么做的理由"。他还建议学生做这样的练习：写一篇关于梦的日记而不去提及自己所写的是梦；或者写自己想象中发生的事，但不在文中指明这样的事在现实中并不存在。②

除了上述两个针锋相对的观点，对于散文的真实性，还可以从以下几个方面去把握。一是从类型的角度区别对待。作者、叙述者和主人公高度同一，这种真实性的契约既适用于自传体散文，也适用于抒情类散文。比如作家黄锦树就强调抒情散文的领域可谓自传领域，"是写作者自身生命经历的回顾"，并且批评这种情况："在此间文学奖的散文组里，常发现有写手以小说的技艺伪仿不同社会身份，借以抒情并得奖……"③ 至于议论性、哲理性或知识性较强的散文，在真人真事上的纠葛相对要少，但文中如果要使用现实事例、社会调查或数据统计结果，则应当是真实的，不能编造。这是散文写作的基本伦

---

① 王彬. 散文课. 北京：研究出版社，2022：20.
② 艾利斯. 开始写吧！：非虚构文学创作. 刁克利，译注. 北京：中国人民大学出版社，2011：51-52.
③ 黄锦树. 面具的奥秘：现代抒情散文的主体问题. 中山人文学报，2015（1）.

理。二是区分个人的练习/实验性的写作与面向读者的作品。前者是为了训练叙述能力，比如把梦或幻想写得像是真切发生过一样，当然可以虚构；而后者需要考虑交际语境、文学体裁、读者的接受理解等因素，不能轻易废除散文关于真实性的契约。假设某地爆发了大规模传染病，在医疗资源紧张、秩序混乱之际，有人写了一篇生动记述当地部门井然有序地控制局面的文章，即使只是用社交平台的私人账号传播，恐怕也会引起众多质疑。也就是说，写作者有打破艺术规则进行文体实验的自由，也有权利拒绝他人要求的"写什么"或"怎么写"；但在某些与现实密切关联的情形下，写作者需要审慎地考虑写作伦理。

"真实性"问题还牵涉出另一个有意思的现象：有时第一人称视角的短篇小说与散文似乎不那么容易区分。一方面，"纪实"中可能含有"虚构"。比如某些源于写作者亲身经历的回忆性散文，写作者或编辑可能为了方便发表或规避争议而修改文中的人名、细节，甚至作为短篇小说发表。编辑在审稿中甚至还会遇到类似的情况——写作者虽然是向散文刊物或栏目投稿，但是又在作品末尾认真地注明："本文中×××的内容与事实有出入，或者说进行了艺术加工。希望读者（特别是熟人）不要对号入座。"另一方面，"虚构"也可能被当作"纪实"。第一人称的小说有时会被误认为是散文。

总之，写作者多多少少需要明白，大致上有两个方面约束着散文对"真实性"的处理：一是对艺术性的追求，比如允许某些弥补文本空隙的虚构，进行某种"新真实"观的实验探索；二是写作者与读者之间关于真实性的契约。所以需要特别提醒写作者注意的事项是：第一，尽量不要编造现实中不存在的人或事，但是可以在真人真事基础上进行适度的文学加工。第二，如果一篇散文里有较多加工的成分，或者有实验性探索，可以考虑增加声明、附记或者借助编辑的按语，向读者传达或说明。

第三节　描写

散文魅力的重要来源之一,就是生动形象而又传神的描写。如何练习描写?笼统来说,需要在生活中细心观察,在阅读中积累寻找,并有意识地进行练笔。本节主要从如何提升语言、如何描写景物和人物、如何让描写更充实以及如何借鉴小说的手法等方面,介绍一些具体的路径。

3.1　语言与修辞

由于散文文体自由多样,没有形式或韵律的一定之规,因此在抒情叙事、写景状物时,遣词造句和语言美感尤为重要。

首先,需要用流畅的语言来描写。这是散文吸引读者的重要条件。从篇幅和叙述方式来看,散文通常难以像小说一样以曲折跌宕的故事情节吸引读者。比如近年来一些热门的网络连载小说,或者像刘慈欣的科幻、紫金陈的悬疑,都有不少读者调侃"文笔不行"。但这些作品能通过其他小说要素弥补语言的短板,拥有可观的读者群。想要写出流畅的语言,需要注意以下几个方面:一是避免用词不当、搭配不当等语病,正确使用标点符号[①]。二是在此基础上,注意句式结构灵活多变,不要单调地使用长句。三是追求语言的声韵和谐和节奏感。四是对文章恰当分段——这固然只是基础性的工作,但在今天,文字的呈现方式和阅读方式在变化,电子屏幕逐渐成为广泛应用的阅读界面,在这种媒介环境下,文章的分段和排版都需要更加清晰简洁。太长的文字尽量拆分成短段落,并且字号、行间距的大小要适中,这都有助于减轻阅读负担,使读者能够更长时间地保持注意力。

[①] 关于标点符号的规范用法,有需要的写作者可以参阅《标点符号用法》(GB/T 15834—2011)或者相关的编辑知识手册。

其次，描写需要使用一定的修辞。但要注意，修辞要用得高明，就像老舍说"要用比拟，便须惊人；不然，就干脆不用。空洞的修辞是最要不得的"①。比喻不要啰唆。以往一些被视为名家之作的现代散文，在今天看来语言会稍显累赘，或者说不那么符合现代读者的阅读习惯，如朱自清的《绿》："她松松的皱缬着，像少妇拖着的裙幅；她轻轻的摆弄着，像跳动的初恋的处女的心；她滑滑的明亮着，像涂了'明油'一般，有鸡蛋清那样软，那样嫩，令人想着所曾触过的最嫩的皮肤……"因为"写作有一个发展规律，修辞也有一个发展变化，从不成熟到成熟"②。

隐喻或象征手法要尽量避免重复使用，不要硬性拔高，以免显得单一且雕饰。例如杨朔的散文单篇尚可，但总体来看，结构、主题比较雷同，而且描写的对象往往都被作为象征物，是从象征物升华到某种预设的歌颂，比如"蜜蜂是在酿蜜，又是在酿造生活；不是为自己，而是在为人类酿造最甜的生活……正有农民立在水田里……他们正用劳力建设自己的生活，实际也是在酿蜜——为自己，为别人，也为后世子孙酿造着生活的蜜"③。

再次，句式结构要有变化。一方面，可以学习古代散文的修辞。比如排比句层叠推进，增强感染力和铺陈的气势；对偶、用典让辞藻华丽，如"泉水激石，泠泠作响；好鸟相鸣，嘤嘤成韵""鸢飞戾天者，望峰息心；经纶世务者，窥谷忘反"；长短句交错，增加语言变化，显得摇曳生姿，如"潭中鱼可百许头，皆若空游无所依。日光下澈，影布石上，怡然不动；俶尔远逝，往来翕忽"。另一方面，也要避免辞藻典故的堆砌，相对于古典散文，现代散文追求通俗易懂、浅白流畅，语言形式更加灵活，可以指向更复杂的情感和逻辑空间。总

---

① 老舍. 景物的描写//老舍谈写作. 南昌：百花洲文艺出版社，2019：176.
② 王彬. 散文课. 北京：研究出版社，2022：155-156.
③ 杨朔. 荔枝蜜//东风第一枝. 北京：作家出版社，1961：20.

之,写作者可以根据表达的需要自由地使用多种句式结构。

最后,不必急于追求语言风格。散文容易见出写作者的性情,好的散文作者常常有自己的语言风格,比如鲁迅的杂文犀利老辣,周作人的散文朴实清淡,林语堂的小品文诙谐幽默……风格"不是凭白无故形成的,总是受了某些作家的影响加上你自己的东西……一个作家要形成自己的风格,一方面要博览,另一方面要有偏爱,拥有自己所喜爱的作家"①。不过,对于初学者来说,虽然可以模仿名家语言风格来练笔,但不用急于让自己具备某种"风格",这并不是一夕之功,甚至有时不是写作者凭一己之力可以达成的,需要经过各种机缘慢慢地锻造。

3.2 景物描写

景物描写在散文中有极重要的分量。很难想象一篇小说中仅仅只有景物描写,但如果一篇散文通篇都是景物描写,它依然可以成立。景物描写的一个重要方法是把景物与个人回忆建立起关联。在很多回忆性散文里,写作者怀念的一时一地的景物,往往也是自己度过童年或青春岁月的地方。因为那是一个用敏锐感官、热烈情感、好奇心和想象力拥抱广阔世界的阶段,种种新奇的情感和体验都以第一次的方式,丰富着人的生命。就像《几朵木花》所言:"童年时代的太阳要炽热得多,草要茂盛得多,雨要大得多,天空的颜色要深得多,而且觉得每个人都有趣极了。"② 所以追忆儿时熟悉的景物和场所,总是容易调动起丰富的情感,很多好的散文都是在这样的情感驱动下写成的。比如鲁迅在《朝花夕拾》"小引"中说:"我有一时,曾经屡次忆起儿时在故乡所吃的蔬果:菱角,罗汉豆,茭白,香瓜。凡这些,都

---

① 汪曾祺.关于作家和创作//汪曾祺谈艺录.北京:人民文学出版社,2022:136.
② 帕乌斯托夫斯基.几朵木花//金蔷薇.戴骢,译.上海:上海译文出版社,2010:26.

是极其鲜美可口的；都曾是使我思乡的蛊惑。后来，我在久别之后尝到了，也不过如此；惟独在记忆上，还有旧来的意味留存。他们也许要哄骗我一生，使我时时反顾。"① 这种带着主观色彩的判断，就成为写作时的情感引线和童年记忆的激活点。

写景物的文章如何避免空泛？写作者或许可以谨记一条原则：**一切景语皆情语**。景物是人眼中之景，要写出人在风景中的具体体验、人与景物发生的具体关联。这可以参考一些古代游记的写法，如《西湖七月半》："月色苍凉，东方将白，客方散去。吾辈纵舟，酣睡于十里荷花之中，香气拍人，清梦甚惬。"② 又如朱自清的名作《桨声灯影里的秦淮河》，写河边的树、天上的云用了大量比喻，在今天看来已算不上出彩，不过写月色灯影下，"我"被揽客的歌妓引起的窘迫不安和纷乱思绪，这就是一段夜游秦淮的独特插曲。"我"的视角下包含着男知识青年面对歌姬的期待、好奇、躁动、盼望以及道德理智所要求的拒绝和同情，置身其中的作者以现代意识细致地交代了种种念头，这种心绪如果传递给读者，会给秦淮夜景增添丰富的想象空间。

传达人在风景中的体验，还意味着让读者不是只做旁观者，而是身临其境地分享人物的感受。对此，许多写作指导课都讲过类似的**写作公式：五感＋记忆/联想/抒情**。也就是说，在描写场景或人物时，可以借助多种感官（视觉、听觉、嗅觉、触觉、味觉），再加上叙述者的回忆联想、心理活动或情感起伏。比如描写海边的夜景，至少包含四种色彩或声音；描写清晨登山的体验，至少包括视、听、嗅、触的感觉；描写和中学同学在十几年后重逢，要包含视觉、听觉和回忆感叹；等等。这有助于调动读者将感官经验代入文字中，如同身临其境，产生具体直观的印象，使文字更有画面感。同时，在眼前景象之

---

① 鲁迅.《朝花夕拾》小引//鲁迅全集：第2卷.北京：人民文学出版社，2005：236.
② 张岱.陶庵梦忆 西湖梦寻.栾保群，点校.杭州：浙江古籍出版社，2012：91.

外再叠加记忆，能让空间和时间维度共同构筑出立体的画面，进一步激发读者的想象。比如《从百草园到三味书屋》中的一段："不必说碧绿的菜畦，光滑的石井栏，高大的皂荚树，紫红的桑椹；也不必说鸣蝉在树叶里长吟，肥胖的黄蜂伏在菜花上，轻捷的叫天子（云雀）忽然从草间直窜向云霄里去了。单是周围的短短的泥墙根一带，就有无限趣味。油蛉在这里低唱，蟋蟀们在这里弹琴。翻开断砖来，有时会遇见蜈蚣；还有斑蝥，倘若用手指按住它的脊梁，便会拍的一声，从后窍喷出一阵烟雾。何首乌藤和木莲藤缠络着，木莲有莲房一般的果实，何首乌有拥肿的根。有人说，何首乌根是有像人形的，吃了便可以成仙，我于是常常拔它起来，牵连不断地拔起来，也曾因此弄坏了泥墙，却从来没有见过有一块根像人样。"① 对于写作者来说，充分调动各种感官、尽量采用多种视角、开辟多重场景空间，这些方法都可以提高景物描写的质量。

3.3 人物剪影

不用人物描写而是用人物剪影作为这一小节的标题，暗示了人物在散文中的功能与在小说中不太一样。一般来说，小说中的人物应该有一个相对完整的长度和宽度，以及比较典型的性格或者命运，这些在"小说写作"那一章已经做了讨论。散文中的人物描写当然可以借鉴小说中的笔法，但也有关键的区别：散文中的人物无须追求一种完整性。可以是惊鸿一瞥，也可以是芙蓉掩面，最重要的是，要抓住那个形神兼备的时刻。

以外貌描写为例，抓住特征即可，不必面面俱到、拖泥带水地形容一大片，更不能让形容的内容缺乏辨识度。"我们不必一口气把一个人形容净尽，先有个大概，而后逐渐补充，使读者越来越知道得多

---

① 鲁迅. 鲁迅全集：第2卷. 北京：人民文学出版社，2005：287.

些,如交友然,由生疏而亲密,倒觉有趣。"① 这既适用于小说,在一定程度上也适用于散文。比如杨绛的《老王》只用了寥寥几句,就让人对老王的瘦高和病重印象深刻,有限的外貌描写足以令人恻然:"有一天,我在家听到打门,开门看见老王直僵僵地镶嵌在门框里。往常他坐在蹬三轮的座上,或抱着冰伛着身子进我家来,不显得那么高。也许他平时不那么瘦,也不那么直僵僵的。他面色死灰,两只眼上都结着一层翳,分不清哪一只瞎、哪一只不瞎。说得可笑些,他简直像棺材里倒出来的,就像我想像里的僵尸,骷髅上绷着一层枯黄的干皮,打上一棍就会散成一堆白骨。"② 描写人物时,外貌、举止、语言、心理活动等方面都可以作为着意描绘之处。其中,**语言**尤其能反映说话人的思想、性格、身份、文化程度,需要注意,什么人说什么话——人物的语言要贴合他的生活环境、身份和性格。像非虚构写作的技巧一样,写人记事时可以使用对白,正如李·古特坎德在《非虚构写作艺术》中所说:"重塑你印象中的会话场景,但是不要写那些并未发生的对话"③。

在叙事性较强的散文里,写人记事通常有两种侧重:一是侧重人物,围绕着人物举出事件,写人对事件的应对方式,往往偏重人格和心理描写。二是侧重事件,人的反应被置于事件的发展进程中。不论如何侧重,这样的散文都与小说类似,都需要通过"心灵与事实的循环运动"④ 来结构文章。只见事不见人,文章会缺乏生气或中心;写人而缺少事,人的形象也不能显明,事件可以作为人格的试金石。"我们说一个人怎好或怎坏,不如给他一件事作作看。在应付事情的时节,我们不但能揭露他的个性,而且足以反映出人类的普遍性。"⑤

---

① 老舍. 老舍谈写作. 南昌:百花洲文艺出版社,2019:168.
② 杨绛. 杨绛全集:散文卷. 北京:人民文学出版社,2014:178.
③ 蒂贝尔吉安. 一年通往作家路:提高写作技巧的12堂课. 李琳,译. 北京:中国人民大学出版社,2013:17.
④ 同①122.
⑤ 同①170.

比如聂绀弩在散文《东平琐记》里，先写了友人丘东平骄傲甚至有些刺头的性格和对鲁迅的态度——20世纪30年代时，丘东平不像一些左联人物那样把鲁迅当作谈资或偶像，他还起草过质问书，质疑鲁迅的《辱骂和恐吓决不是战斗》：

> 在朋友间，鲁迅狂是不缺乏的，猛克就几乎不让自己的口里有一个时间不谈到鲁迅。东平却刚刚相反，几乎没有谈到鲁迅的时候。纵然谈到，也只是"把鲁迅当作偶像是不对的"之类。
>
> 鲁迅下殡的那天早上，我回到了上海，在到殡仪馆去的路上碰见他，他似乎也是刚到。他说："我要去买一块白布。"他去买了，还自己写上"导师丧失"四个拙劣的字。[①]

面对杰出的文学家、思想家、中国现代文学的奠基人的逝世，这样一个前后形成反差的态度细节，显示出先前丘东平的淡漠和质疑更多是因为不盲从、不搞偶像崇拜，而在鲁迅逝世之际，他又以自发的悼念举动表达了对鲁迅的敬意。

又如张中行的《刘叔雅》写刘文典的名士风度、不畏权势的放诞傲气、讲课的沉浸和任性狂言，都是以具体的例子来说明，并且选取那些让人惊异的言谈举止做传神的白描：

> 那是1928年，他任安徽大学校长，因为学潮事件触怒了老蒋。蒋召见他，说了既无理又无礼的话，据说他不改旧习，伸出手指指着蒋说："你就是新军阀！"蒋大怒，要枪毙他。幸而有蔡元培先生等全力为他解释，说他有精神不正常的老病，才以立即免职了事。
>
> ……………
>
> ……例如有一次跑警报，一位新文学作家，早已很有名，也

[①] 聂绀弩. 东平琐记//聂绀弩全集：第4卷 散文. 武汉：武汉出版社，2004：49-50.

在联大任教，急着向某个方向走，他看见，正颜厉色地说："你跑做什么！我跑，因为我炸死了，就不再有人讲《庄子》。"①

对这样一个有魏晋风度的人物，张中行的描写也带有《世说新语》笔记体小说的写人笔法，可谓相得益彰。

对于初学者来说，写人有一种比较容易模仿的做法，就是给人物配上某个标志性的习惯动作、口头禅，或者是概括其性格、外貌特征的绰号。这在散文里也可以使用，不过不要过于倚重这一写法，否则容易令人物的面貌变得单薄、脸谱化、流于表面。

3.4 经验转化

经验是散文写作重要的资源。一般来说，作品中的经验可以分为两大类：一类是直接经验，大多来源于个人的日常生活；一类是间接经验，大多来源于对其他文本的阅读。

- **直接经验**

写作者要认可自己的个人经验的价值，不妨从自己感兴趣的事物写起。比如年轻写作者选择写校园题材、成长记忆、暗恋经历这类个人经验，这样做并非写作的缺陷，而更像是不少人必经的写作阶段，不是非要去写一些重大题材或者宏大叙事不可的。创意写作教学中经常要求初学者"写你知道的"，原因在于写自己熟悉的东西更容易把握和表达。比如舒乙的《父子情》，史铁生的《秋天的怀念》《合欢树》，朱自清的《背影》，写的都是自己和家人日常生活的聚散悲欢，但因为直接经验的切身性而让读者能够感同身受。当然，除了温馨感人的记忆，悲伤痛苦的经历同样也可以成为描写对象，比如巴金的《怀念萧珊》，里面就有很多过往岁月的痛苦记忆。通过书写和阅读这类经验，写作者能够得到宣泄和理解，读者也能得到排遣和宽慰，正

---

① 张中行．张中行散文精品集：人物卷．哈尔滨：北方文艺出版社，2011：36-37．

是在这个意义上，写作往往也有一定的心理疗愈功能。

日常经验太多，且杂乱无序，因此写作者要善于抓取和拼接。比如写回忆昔日人事的散文，可以抓住看似寻常，但对个人来说有附加意义的经历或事物。肖复兴的《荔枝》中的荔枝总会让作者想起勤俭一生的母亲；汪曾祺的《果蔬秋浓》里浓郁的果香让作者一生难忘，是因为那个时空里还承载着初恋的情味：

> 江阴有几家水果店，最大的是正街正对寿山公园的一家，水果多，个大，饱满，新鲜。一进门，扑鼻而来的是浓浓的水果香。最突出的是香蕉的甜香。这香味不是时有时无，时浓时淡，一阵一阵的，而是从早到晚都是这么香，一种长在的、永恒的香。香透肺腑，令人欲醉。
>
> 我后来到过很多地方，走进过很多水果店，都没有这家水果店的浓厚的果香。这家水果店的香味使我常常想起，永远不忘。
>
> 那年我正在恋爱，初恋。①

如果写沉思性的、生活感悟式的个人随笔，一种可以参考的基本结构是：从一个具体、常见的生活场景入手，联系类似的普遍现象，进行感悟式的议论或抽象的分析概括。这可以说是三段式的结构，符合人们从具体到抽象的认知方式；也容易让读者联想到自己的生活，回顾类似的经验，从而引起感触和思考。像蒙田的随笔，其典型写法是把自己生活中的某个片段作为文章开头。

- 间接经验

与直接经验的切身性不同，间接经验往往是"听说的""转述的"或者是通过阅读和观影等方式获得的。因此，对于此类经验的描写，往往就要借助小说写作的一些手法——甚至可以说，在描写间接经

---

① 汪曾祺. 果蔬秋浓. 小说，1996（4）.

验的时候，散文已经开始向小说靠近了。以下介绍几种常用的方法。

一是采用阴差阳错、柳暗花明的情节。虽然散文——即使是叙事性的散文——通常不以曲折离奇的情节见长，这往往是小说和剧本的任务，但是在现实生活里，也不乏一些阴差阳错的事情。比如一个人偶然帮助一位路人，多年之后与其重逢，发现路人是现任恋人的母亲；再如旅途中意外遇到困难，在解决困难的过程中又卷入其他的麻烦，最终却以一种意想不到的方式解决了起初的困难。人们浏览一些社会新闻或者论坛里讲述个人经历的话题时，有时会感叹人与人之间的奇妙联系，散文写作者如果能获得比较真实完整的信息，完全可以把这些有趣的巧合放进自己的文章，增加文章的可读性。

二是像小说一样描写关键性的时间节点。老舍曾谈到，小说里对时间的选取很重要，"有个确定的时间，故事一开首便有了特异的味道"①，比如借举办舞会来描写有钱有闲的社会，以赶集或庙会来写农村生活，因为在这些特别的时间里，所写对象的一些特性能格外鲜明。另外，还可以留意人们容易忽视的时间，如天快亮了的时候："这时候，跳舞会完了，妇女们已疲倦得不得了，而仍狂吸着香烟。这时候，打牌的人们脸上已发绿，可把眼还瞪着那些小长方块。这时候，穷人们为避免巡警的监视，睡眼巴睁的去拾煤核儿。简单的说，这可以叫作时间的隙缝，在隙缝之间，人们把真形才显露出来。"② 散文写作这方面最典型的例子是茨威格的《人类的群星闪耀时》，这部作品描写了影响人类历史的诸多重大事件，作为一种间接经验，茨威格采用的方式是抓住最关键的"时刻"：

> 充满戏剧性和命运攸关的时刻在个人的一生中和在历史的进

---

① 老舍. 老舍谈写作. 南昌：百花洲文艺出版社，2019：177.
② 同①178.

程中都十分难得;这种时刻往往只集中发生在某一天、某一小时甚至常常只发生在某一分钟,但它们的决定性影响却超越时间。①

对于初学者来说,学会观察并捕捉这样的时刻是一种需要训练的能力,除了好奇心、直觉、敏锐的观察力之外,大量的资料阅读甚至田野考察都是培养这种能力的有效手段,只有这样,"间接经验"才能内化为另一种"直接经验",在此基础上写出来的作品也才可感可亲。

---

① 茨威格. 人类的群星闪耀时:十四篇历史特写. 增订版. 舒昌善,译. 北京:生活·读书·新知三联书店,2017:序言 2.

第四节　智性

本节围绕散文的智性,讨论怎样写具有较强的论说性、思想性和知识性的散文,或者说智性散文,它可以被视为一种"去抒情化"的现代散文体式。如何理解智性呢?智性和理性有一定的区别:理性(rationality)是超经验的、逻辑的,是运用知识实现目标的能力;智性(nous)则是源于经验的智慧,是一种融汇了感受、艺术直觉、反思的认知能力,它在散文中可以表现为深沉的文化感悟,将现象进行抽象并转化成文学话语。

不少研究者都曾指出,五四以来的中国现代散文包含两个脉络:抒情和智性。郁达夫和钟敬文都较早关注到散文的智性,20世纪30年代林语堂的幽默小品、周作人"闲话"式的散文、鲁迅具有现实批判性的杂感,40年代梁实秋、钱锺书、王力等人的散文,都从不同路径实践了智性的写作。不过,从抗战时期直到80年代,比起抒情和叙事的"美文",或者说主情的、诗性的散文,主智的散文在作家和研究者那里都被不同程度地忽视了。到了90年代,一批"文化散文""学者散文"引人瞩目,接续了智性散文的传统。

在散文写作中,过于强调抒情和"美文"审美,容易使散文滑向滥情或空洞,比如汪曾祺就提醒过散文不必过分抒情:

> 散文的天地本来很广阔,因为强调抒情,反而把散文的范围弄得狭窄。过度抒情,不知节制,容易流于伤感主义。我觉得伤感主义是散文(也是一切文学)的大敌。挺大的人,说些小姑娘似的话,何必呢。我是希望把散文写得平淡一点、自然一点、"家常"一点的……①

---

① 汪曾祺. 关于散文的感想//汪曾祺谈艺录. 北京:人民文学出版社,2022:309.

作为重要的反拨和补充，追求智性是一种追求理性与感性的平衡、观照人的自由神思的散文理念。这也是今天的写作者值得尝试的一个方向，因为这样的写作有助于形成深入思考社会人生的眼光，增强幽默感、逻辑思维能力和对复杂事物的理解力，有时也有助于写作者适时适当地参与当下的公共议题，培养主体意识和质疑精神。

智性散文对写作者的学识见解、思辨能力或文化修养有比较高的要求，初学者不必急于向"既能研究又能创作"的名家学者看齐，可以结合自己的专业知识和兴趣，从下面几个大致的方向里选择一种，留心多去阅读和练习。

4.1 幽默

"humour"一词由林语堂首译为"幽默"。幽默写作可以追溯到20世纪三四十年代作家对域外文章的借鉴，尤其是英国随笔，许多作家都受到其影响。像张爱玲和钱锺书的散文，都比较得英国式幽默之精髓：

> 张、钱都主要以小说名家，可薄薄一本《流言》与《写在人生边上》，足以显示其机智与洒脱。还是英国随笔里常见的充满好奇心的"旁观者"，谈"女人"，说"更衣"，还有"公寓生活记趣"；或者用一种"业余消遣者的随便和从容"，在人生边上写下关于"吃饭"、关于"快乐"以及"教训"等等的随想。其兴趣的广泛与观察的敏锐，都令人叹为观止，只是对自家学识与才情未免过于自信，不时有炫耀的欲望。①

幽默很难说是一种手法技巧，更多的是指文章的笔调趣味，这种趣味需要以写作者的学识眼界、文字功底、心胸境界等因素作为重要基础。老舍曾这样辨析幽默和讽刺：

---

① 陈平原. 中国散文小说史. 上海：上海人民出版社，2014：203.

> 反语（irony），讽刺（satire），机智（wit），滑稽剧（farce），奇趣（whimsicality），这几个字都和幽默有相当的关系。……幽默者与讽刺家的心态，大体上是有很清楚的区别的。幽默者有个热心肠儿，讽刺家则时常由婉刺而进为笑骂与嘲弄。……作品可以整个的叫作讽刺，一出戏或一部小说都可以在书名下注明 a satire。幽默不能这样。"幽默的"至多不过是形容作品的可笑，并不足以说明内容的含意如何。①

虽然能举出相应的例子来解释上面这些概念的区别，不过在很多文本里，将它们截然分开并不容易。比如一篇幽默的文字可能同时借助了反语、机智、讽刺等各种手法，像张爱玲的《中国人的宗教》：

> 从前有个一番争论，不能决定过渡时期的鬼魂是附在墓上还是神主牌上。中国宗教的织造有许多散乱的线，有时候又给接上了头。譬如说，定命论与"善有善报"之说似乎是冲突的，但是后来加入了最后一分钟的补救，两者就没有什么不调和了。命中无子的老人，积德的结果，姨太太给他添了双胞胎；奄奄一息的人，寿命给延长了十年二十年……②

那么，接下来的问题是，如何在自己的写作中增加幽默感？许多作家都强调过，幽默并不是存心模仿或刻意练习就能获得的。张爱玲说："生活空气的浸润感染，往往是在有意无意中的，不能先有个存心。"③ 这种观念尤其适用于"幽默"。钱锺书的《说笑》，从如何看待"幽默文学"、引人发笑是否等于幽默、幽默能否提倡等独到的角度，谈论了自己对幽默的看法：

---

① 老舍. 老舍谈写作. 南昌：百花洲文艺出版社，2019：138-141.
② 张爱玲. 张爱玲典藏全集 8：散文卷一. 台北：皇冠文化出版有限公司，2001：51-52.
③ 张爱玲. 写什么//张爱玲典藏全集 8：散文卷一. 台北：皇冠文化出版有限公司，2001：158.

> 幽默不能提倡，也是为此。一经提倡，自然流露的弄成模仿的，变化不居的弄成刻板的。……真正的幽默是能反躬自笑的，它不但对于人生是幽默的看法，它对于幽默本身也是幽默的看法。①

不难发现，这篇文章本身也是兼具幽默感和智性的作品，甚至连题目《说笑》也是一语双关：既可以理解为开玩笑、随意说些幽默的笑话，比如"tell jokes"；也可以理解为谈论"笑"这个话题，比如"talking about laughing"。机智幽默的写作者，对散文的标题也往往颇有一番讲究。张爱玲也玩过这种双关、多义的文字游戏，她的散文标题如《道路以目》和《更衣记》、散文集名《张看》等都是这方面的代表。这也提醒写作者，对一篇好的散文来说，每一个字、每一个词都要讲究。

在某种程度上，幽默的风格是"取法乎上，得乎其中"的事情，如果一个人本身无趣且乏味，就很难把文章写得风趣幽默。但如果尝试下面的一些方法，也许会有所裨益。

（1）可以尝试用漫画式的笔调、贴切的比喻、夸张的手法、双关语、象声词或拟人化等方式去表达生活中的喜剧感。比如梁实秋的《讲价》：

> 我承认，有些人是特别的善于讲价，他有政治家的脸皮，外交家的嘴巴，杀人的胆量，钓鱼的耐心，坚如铁石，韧似牛皮，所以他能压倒那待价而沽的商人。我曾虚心请教，大概归纳起来讲价的艺术不外下列诸端：
>
> ……
>
> 第四，要有反顾的勇气。交易实在不成，只好掉头而去，也

---

① 钱锺书. 写在人生边上；人生边上的边上；石语. 北京：生活·读书·新知三联书店，2002：24-25.

许走不了好远,他会请你回来,如果他不请你回来,你自己要有回来的勇气,不能负气,不能讲究"义不反顾,计不旋踵。"讲价到了这个地步,也就山穷水尽了。①

作者拿"胆量""耐心""勇气"这些褒义词刻画自己所抵触的讲价,在概念与对象的不协调感中表达了微讽,并且进一步勾勒出了一些讲价行为的伪饰性或攻击性。

(2) 可以使用反讽、戏仿、戏谑等手法对一些既有的常识,尤其是一些文化典故和社会习俗进行解构,既能够提升文章的幽默感,又能够发挥批判反思的功能。在散文写作中,有几种常见的反讽方式,**比如事实的反差**,即描述事实但呈现不同事物之间的错位或落差,引出反讽意味。比如张爱玲的《谈跳舞》就是用一些男人提倡母爱的事情,反讽现实中很多女性并没有因为"母爱"的"服务性"而获得主体性:

> 母爱这大题目,像一切大题目一样,上面做了太多的滥调文章。普通一般提倡母爱的都是做儿子而不做母亲的男人,而女人,如果也标榜母爱的话,那是她自己明白她本身是不足重的,男人只尊敬她这一点,所以不得不加以夸张,浑身是母亲了。②

(3) 举重若轻。即对于原本想批判的糟糕现象或者不公待遇,用一种看似轻描淡写或者按照加害者逻辑批评受害者的语气,但实际上批评的对象正相反。

(4) 归谬法。即预设一个不合理的前提,用肯定的语调基于前提进行推演,直至得出荒谬的结果。像王小波的《从 Internet 说起》就使用了典型的归谬法,并且用流畅生动的语言进行反讽式的表达:

---

① 梁实秋. 雅舍小品. 上海:上海书店,1987:109-110.
② 张爱玲. 张爱玲典藏全集 8:散文卷一. 台北:皇冠文化出版有限公司,2001:205-206.

除了电脑，电影电视也在散布不良信息。在这方面，我的态度是坚定的：我赞成严加管理。首先，外国的影视作品与国情不符，应该通通禁掉。其次，国内的影视从业人员良莠不齐，做出的作品也多有不好的［……］我是写小说的，与影视无缘，只不过是挣点小钱。王朔、冯小刚，还有大批的影星们，学历都不如我，搞出的东西我也看不入眼。但他们可都发大财了。应该严格审查——话又说回来，把 Internet 上的通讯逐页看过才放行，这是办不到的；一百二十集的连续剧从头看到尾也不大容易。倒不如通通禁掉算了。……说来说去，我把流行音乐漏掉了。这种乌七八糟的东西，应该首先禁掉。年轻人没有事，可以多搞些体育锻炼，既陶冶了性情，又锻炼了身体［……］

这样禁来禁去，总有一天禁到我身上。我的小说内容健康，但让我逐行说明每一句都是良好的信息，我也做不到。再说，到那时我已经吓傻了，哪有精神给自己辩护。①

作者虽然假设是自己的想法，但推导出的荒谬情况并非无迹可寻，因此这种逐渐极端化的设想，实际上是让人们警惕一种过度控制的、一刀切式的文化管理思路。

4.2 公共议题

就社会公共议题发表观点的一类散文，也可以称为杂感、随笔。这类文章最重要的特征是"在现代公共空间发表个人的思索，因而是一种启蒙和自我启蒙的文体"②。一般来说，写作此类文章需要注意以下几点。

首先要尽量选取典型的、广为人知的事件或论据，尤其是公众普

---

① 王小波. 我的精神家园：王小波杂文自选集. 北京：文化艺术出版社，1997：174-175.

② 黄子平. 序：兀自燃烧//刘绍铭. 蓝天作镜. 北京：中华书局，2013：4.

遍关切的问题。这样的话题更能引起广大读者的关注。在写作中如果能够引用其他非虚构类报道或者调查报告中的真实数据，则更能增强说服力。

其次要注意文章的时效性和可读性。要及时跟进重要的社会议题，文字要清晰简洁，无须填充太艰深的专业知识或学理化的论述。《三联生活周刊》《南方人物周刊》《财新周刊》《环球人物》的一些时事评论文章可以视作此类文章的代表。初学者可以反复阅读这些文章，学习其选题导向和表达的技巧。

再次要注意选择能有效介入现实的传播平台。在互联网通信技术发达的今天，其他类型的写作如小说、剧本，也要考虑发表和传播平台的问题，不过目的不尽相同。关注公共议题的杂感如果想更迅速、更大范围地接触到读者，或者让自己的建议以合乎程序的方式被注意到，从而推进问题的解决或改进，就需要重视对传播媒介的选择，除了报刊专栏和博客，还可以考虑传播面更广、互动性更强的自媒体，甚至把文字稿转成短视频的形式，文字和视频的结合会让传播更有冲击力。

最后需要说的是，当下汉语散文写作的题材和形式多彩多姿，不拘一格。从20世纪90年代的"散文热"以来，散文写作既有文化散文、学者散文这种强调历史文化面向的写作类型，也存在世俗化、日常生活化、充满闲适趣味的写作类型。对于写作者来说，可以根据自己的兴趣特长选择不同的类型进行创作。

可以写理性与感性交融、兼具思想性和文学性的散文。比如撷取一个具体的历史人物、事件或文化典故，用现代的眼光进行审视，有时会打破已有的历史印象，做出新的解读或价值判断。或者联通当下和历史，看到某些历史遗产在今天仍然具有的影响。

可以学习写具有哲思性、以理趣取胜的作品。但不是一味倚重宏大的理论和抽象的说理，而是集中谈某一个具体的现代事物或现象。

也可以从自身体验出发，书写带有生命体温的感悟，以闲谈式的文体来概括生活，像余光中所说的"知性"与"感性"的交融。① 比起中长篇小说等文体，散文对精力、激情或想象力的要求相对更低，更适合知识储备、学养积淀和经验阅历相对丰厚的中老年写作者。

---

① 余光中. 散文的知性与感性//余光中集：第 8 卷. 天津：百花文艺出版社，2004：333.

后记

在中国创意写作学科的建设发展中,教材应该是一个核心问题,这个问题可以从两个方面来说。一是从社会层面看,近年来在中国有越来越多的人加入创意写作的行列。他们有的是出于职业需要,比如媒体从业者、文化产业相关从业者;有的是怀揣作家梦,想通过一定的训练,写出像样的作品;还有的是出于一种自我表达的需要,他们没有什么诉求,就是想把自己的情感和故事表达出来。这催生了对创意写作基本教材的需求。二是从高校层面看,一个学科的确立和发展与教材的建设密切相关。以与创意写作相关度比较高的中国现当代文学学科为例,自20世纪60年代以来,该学科领域的学者就一直在撰写或编写文学史教材,据不完全统计,至今已经有近百种之多。这些教材虽然良莠不齐且有很多重复的内容,但对于确立现当代文学学科的合法性、扩大现当代文学学科的影响力具有重要的作用。创意写作这一学科要想在中国的高校立足,也必须有大规模高质量的教材建设。目前的实际情况是,虽然高校的创意写作学科正在蓬勃发展,但教材建设却非常滞后。社会上流行的教材大多是从国外翻译过来的系列教程,其中尤其以中国人民大学出版社的"创意写作书系"为代表,该系列至今已经出版了80余种图书,其中大部分为引进版图书,对推动创意写作在中国的发展起到了重要且积极的作用。高校里传统的写作教材的编写主要以公文写作为主，近年来多了一些创意写作的案例汇编，但成体系的以现代汉语写作为目标的创意写作教材依然阙如。正是在这种情况下，撰写一本中文创意写作基础教程成了我这几年的一个心愿，目前呈现在读者面前的正是这一心愿的成果。

这本《中文创意写作教程》的撰写大概遵循以下几个原则。第一，按照文类来安排章节，分别是小说写作、非虚构写作、诗歌写作和散文写作。在每一文类里面，挑选最重要的元素进行讲解，比如针对小说选择了结构、人物、细节、视角四个主要元素，针对诗歌挑选了情感、节奏、语言、张力四个元素。通过对这些元素的讲解、学习和练习，可以对各个文类的写作有一个基本的掌握。第二，元素交叉但不重复。文类只是便于识别和划分的一种分类法，有创作经验的人都知道，文类之间是互补互通的，其元素也具有通约性。比如细节，既是小说的重要元素，同样也是非虚构、散文的重要元素。本教程的处理方式是，在某一个文类里面已经讲解过的元素，在另外一个文类里就不再重复，以节省篇幅并突出重点。教师和学生只需要把握综合性的原则，统筹进行教学即可。第三，基础性和创意性相结合。本教程一方面注重文学的基本规律，讲解最基础的文学元素和写作技巧，另一方面用创意性来完成对基础性的超越和飞跃。没有基础就不可能产生创意，没有创意就无法完成从一般作品到杰出作品的飞跃，这两者的辩证关系一直体现在本教程的思路中。第四，突出本土性和汉语语境。这一点是本教程最大的特色之一，既然是中文创意写作，中文尤其是汉语的写作案例应该就是基本的指向。因此，本教程的案例以汉语作品为主，当然也不排斥经典的非汉语作品。但是在诗歌章节，因为诗歌的"不可译性"，所以本教程使用的都是现当代汉语作品。

在上述原则之下，本教程既适用于一般的写作爱好者，也适用于专攻创意写作专业的学生。一千个读者有一千个哈姆雷特，一千个教师也应该有一千种教学的方式方法。我个人的经验和建议是，教程只是一个基本构件，具体还需要教师结合具体情况，在教学中充分发挥主动性，这样才能真正做到既有规范又有创意，既入乎其内又出乎其外——如此才真正契合创意写作的内在要求，与我们的学科相得益彰。

  本教程的编写始终坚持以习近平新时代中国特色社会主义思想为指导，深入贯彻党的二十大精神，紧密围绕"加快建设教育强国、科技强国、人才强国"的战略部署，通过强化本土化案例教学和汉语写作实践，着力培养具有文化自信、创新能力和家国情怀的新时代写作人才。本教程的撰写获得了中国人民大学"十四五"规划教材项目立项，得到了中国人民大学出版社的出版支持。在写作过程中，中国人民大学博士生韩欣桐、高翔、李玉新、靳庭月等人提供了很多帮助，他们既是青年作家，也是青年学者，从写作和研究的双重视野为本教程提供了很多富有启发性的观点和材料，在此一并致谢。这本教程的出版只是一个开始，后续我将根据教程的使用情况和读者反馈进行更新调整，以不断完善的方式参与中文创意写作的发展。

杨庆祥
2025年5月4日，北京

创意写作书系

这是一套广受读者喜爱的写作丛书,系统引进国外创意写作成果,推动本土化发展。它为读者提供了一把通往作家之路的钥匙,帮助读者克服写作障碍,学习写作技巧,规划写作生涯。从开始写,到写得更好,都可以使用这套书。

综合写作		
书名	作者	出版时间
成为作家(纪念版)	多萝西娅·布兰德	2024年1月
作家笔记	阿德里安娜·扬	2024年1月
一年通往作家路——提高写作技巧的12堂课	苏珊·M. 蒂贝尔吉安	2013年5月
创意写作大师课	于尔根·沃尔夫	2013年6月
渴望写作——创意写作的五把钥匙	格雷姆·哈珀	2015年1月
作家的诞生	刁克利	2025年8月
文学的世界	刁克利	2022年12月
从创意到畅销书——修改与自我编辑	詹姆斯·斯科特·贝尔	2016年1月
虚构写作		
小说写作教程——虚构文学速成全攻略	杰里·克里弗	2011年1月
开始写吧!——虚构文学创作	雪莉·艾利斯	2011年1月
冲突与悬念——小说创作的要素	詹姆斯·斯科特·贝尔	2014年6月
视角	莉萨·蔡德纳	2023年6月
悬念——教你写出扣人心弦的故事	简·K. 克莱兰	2023年6月
情节与人物——找到伟大小说的平衡点	杰夫·格尔克	2014年6月
人物与视角——小说创作的要素	奥森·斯科特·卡德	2019年3月
情节线——通过悬念、故事策略与结构吸引你的读者	简·K. 克莱兰	2022年1月
经典人物原型45种——创造独特角色的神话模型(第三版)	维多利亚·林恩·施密特	2014年6月
经典情节20种(第二版)	罗纳德·B. 托比亚斯	2015年4月
情节!情节!——通过人物、悬念与冲突赋予故事生命力	诺亚·卢克曼	2012年7月
如何创作炫人耳目的对话	詹姆斯·斯科特·贝尔	2016年11月
如何创作令人难忘的结局	詹姆斯·斯科特·贝尔	2023年5月
超级结构——解锁故事能量的钥匙	詹姆斯·斯科特·贝尔	2019年6月
小说写作工具箱——125招助你写出爆款故事	詹姆斯·斯科特·贝尔	2024年5月
故事工程——掌握成功写作的六大核心技能	拉里·布鲁克斯	2014年6月
故事力学——掌握故事创作的内在动力	拉里·布鲁克斯	2016年3月
畅销书写作技巧	德怀特·V. 斯温	2013年1月
30天写小说	克里斯·巴蒂	2013年5月
从生活到小说(第二版)	罗宾·赫姆利	2018年1月

书名	作者	出版时间
如果，怎样？——给虚构作家的 109 个写作练习（第三版）	安妮·伯奈斯 帕梅拉·佩因特	2023 年 6 月
501 个创意写作练习——每天 5 分钟，激发你的创造力	塔恩·威尔森	2023 年 8 月
小说写作完全手册（第三版）	《作家文摘》编辑部	2024 年 4 月
成为小说家	约翰·加德纳	2016 年 11 月
小说的艺术	约翰·加德纳	2021 年 7 月
非虚构写作		
怎样讲好一个故事	飞蛾故事会	2025 年 1 月
开始写吧！——非虚构文学创作	雪莉·艾利斯	2011 年 1 月
写作法宝——非虚构写作指南	威廉·津瑟	2013 年 9 月
故事技巧——叙事性非虚构文学写作指南（第二版）	杰克·哈特	2023 年 3 月
自我与面具——回忆录写作的艺术	玛丽·卡尔	2017 年 10 月
写我人生诗	塞琪·科恩	2014 年 10 月
从零开始写故事——非虚构写作的 11 堂必修课	叶伟民	2024 年 9 月
写出心灵深处的故事——踏上疗愈之旅（修订版）	李华	2024 年 9 月
类型及影视写作		
金牌编剧——美剧编剧访谈录	克里斯蒂娜·卡拉斯	2022 年 1 月
开始写吧！——影视剧本创作	雪莉·艾利斯	2012 年 7 月
开始写吧！——科幻、奇幻、惊悚小说创作	劳丽·拉姆森	2016 年 1 月
开始写吧！——推理小说创作	劳丽·拉姆森	2016 年 7 月
弗雷的小说写作坊——悬疑小说创作指导	詹姆斯·N. 弗雷	2015 年 10 月
游戏故事写作	迈尔斯·布劳特	2023 年 8 月
剧本杀——玩法与写法	许道军 等	2024 年 6 月
电影编剧教程	喻彬	2025 年 1 月
经典电影如何讲故事	许道军	2021 年 5 月
童书写作指南	玛丽·科尔	2018 年 7 月
网络文学创作原理	王祥	2015 年 4 月
写作教学		
剑桥创意写作导论	大卫·莫利	2022 年 7 月
小说写作——叙事技巧指南（第十版）	珍妮特·伯罗薇	2021 年 6 月
创意写作教学——实用方法 50 例	伊莱恩·沃尔克	2014 年 3 月
你的写作教练（第二版）	于尔根·沃尔夫	2014 年 1 月
中文创意写作教程	杨庆祥	2025 年 8 月
大学创意写作（第二版）	葛红兵 许道军	2024 年 7 月
创意写作思维训练	丁伯慧	2022 年 6 月
故事工坊（修订版）	许道军	2022 年 1 月
小说创作技能拓展	陈鸣	2016 年 4 月
青少年写作		
奇妙的创意写作——让你的故事和诗飞起来	卡伦·本基	2019 年 3 月
有个性的写作（人物篇+景物篇）	丁丁老师	2022 年 10 月
成为小作家	李君	2020 年 12 月
写作魔法书——让故事飞起来	加尔·卡尔森·莱文	2014 年 6 月
写作魔法书——28 个创意写作练习，让你玩转写作（修订版）	白铅笔	2019 年 6 月
小作家手册——故事在身边	维多利亚·汉利	2019 年 2 月
北大附中创意写作课（修订版）	李韧	2025 年 5 月
北大附中说理写作课（修订版）	李亦辰	2025 年 6 月
作文课——让创意改变作文（修订版）	谭旭东	2023 年 3 月

创意写作教学平台

提供前沿教学资源，服务创意写作学科发展

扫码了解创意写作教学平台最新信息

"创意写作教学平台"由中国人民大学出版社打造，汇集近二十年"创意写作书系"图书、创意写作论坛、写作公开课等内容，为中文创意写作相关课程提供前沿、丰富、生动、立体的教学资源，让教师的教学有法可依，让学生的学习有路可循。

教材内容补充资源

免费为读者提供教材相关章节补充资源，点击即可阅读。另有教材课件、大纲、PPT、试读样章等资源供任课教师参考使用，可联系工作人员申领：

刘静，手机：13910714037，邮箱：12918646@qq.com

写作论坛及公开课资源

可免费收看独家写作论坛实录及公开课资源，由一线作家、教师、学者主讲，为师生提供多维的视角和多角度的思路，见证创意写作在中国十余年发展的历程。

"创意写作书系"图书资源

作为一套系统引进国外创意写作成果、推动本土化发展的丛书，"创意写作书系"已出版70余册。教学平台可试读或试听部分电子书和有声书。

图书在版编目（CIP）数据

中文创意写作教程/杨庆祥著. -- 北京：中国人民大学出版社，2025.8. --（创意写作书系）. -- ISBN 978-7-300-34162-0

Ⅰ.H15

中国国家版本馆 CIP 数据核字第 20258BX723 号

创意写作书系
中文创意写作教程
杨庆祥　著
Zhongwen Chuangyi Xiezuo Jiaocheng

出版发行		中国人民大学出版社			
社　　址		北京中关村大街 31 号	邮政编码		100080
电　　话		010-62511242（总编室）	010-62511770（质管部）		
		010-82501766（邮购部）	010-62514148（门市部）		
		010-62511173（发行公司）	010-62515275（盗版举报）		
网　　址		http://www.crup.com.cn			
经　　销		新华书店			
印　　刷		天津中印联印务有限公司			
开　　本		720 mm×1000 mm　1/16	版　次		2025 年 8 月第 1 版
印　　张		12.25 插页 1	印　次		2025 年 8 月第 1 次印刷
字　　数		151 000	定　价		49.00 元

版权所有　侵权必究　　印装差错　负责调换